Karl Johaentges
Jackie Blackwood

Bilder aus Schottland

Genehmigte Lizenzausgabe für
Verlagshaus Würzburg GmbH & Co. KG, Würzburg
© Stürtz Verlag GmbH, Würzburg
© Fotos: Karl Johaentges, Hannover
Karte: Liselotte Lüddecke, Hannover

Druck/Bindung: Offizin Andersen Nexö, Leipzig

Printed in Germany 2001

ISBN 3-8003-0881-9

Fotos Titelumschlag:
Herbststimmung in Glen Affric
Jane und Mary mit ihren Scotchterriern
Lämmermarkt in Lairg, Sutherland
Castle Stalker

Leica-Foto

für Flora + Tom

Dieses Buch widme ich meinen Eltern in Australien und hoffe, daß es ihre Herzen wieder einmal in die Highlands trägt.

An dieser Stelle möchten wir all denen danken, die zum Gelingen dieses Bildbandes beigetragen haben. Zunächst einmal Peter Forster aus Edinburgh, der sich bei der Überarbeitung des Manuskripts so manche Nacht um die Ohren schlug. Dann all' unseren Freunden in Hannover, die uns bei der schwierigen Bildauswahl geholfen haben. Karl-Heinz Raach und Petr Pandula für ihre Anregungen.
Ein besonders warmes Dankeschön geht an meine verständnisvollen Großeltern und Verwandten in Bridgend und Linlithgow, die uns bei unseren (meist unangekündigten) Blitzbesuchen immer so herzlich aufgenommen haben. Ein herzliches „Thanks!" für die entgegengebrachte Gastfreundschaft, die vielen Anregungen und Ideen, möchten wir folgenden Freunden sagen: Marc und Karen Ellington (Barclay Castle), Eric Ellington (Crovie), Timothy und Charlotte Laing (Perth), Alison Kinnaird und Robin Morton (Temple) und Ronnie und Gina Buchan (Beauly).
Ein Dankeschön auch an die Behörden und Unternehmen, die uns bei diesem Projekt so engagiert unterstützt haben: Günter Pölzelmayer von *North Sea Ferries* sorgte für bequeme Überfahrten, Geoffrey Day, Johanna Campbell und Paul Tomkins vom *Scottish Tourist Board* wiesen uns die richtigen Wege, *British Airways* flog uns (vergeblich) zum Winterschnee nach Schottland und *British Rail* sorgte mit dem ScotRail-Paß für unvergeßliche Bahnreisen durch die Highlands. Dank auch an Peter Reekie von *National Trust* und Bill Cameron von *Historic Scotland* für ihre Hilfe.

Nicht zuletzt ein Dankeschön an all diejenigen, denen wir in Schottland begegnet sind, und die uns mit ihrer Geduld, ihrer Hilfsbereitschaft und so mancher Tasse Tee überrascht haben:
Janis Breckenridge, Handa
Ronnie und Gina Buchan, Beauly
Alistair Campbell, Harris
Anne Campbell, Harris
Alistair Cruickshank, Strathisla
Mary Dutton, Strathdon
Eric und Elaine Ellington, Crovie
Judith A. Fisken, Rosslyn Chapel
Peter Forster, Edinburgh University Balloon Club
Baden Gibson, Pennan
Scott Glover, Towie Barclay Castle
Captain John Hay, Dalgetie Castle
Edwin Herald, Orkney
Sonny Johnson, Eshaness Shetland
Jim Leask, Sumburgh Head Shetland
Familie Lockerby, Stornoway
John MacGregor, Carloway, Lewis
Gibbie Mackintosh, Strathdon
Joan MacLennan, Harris
Flora und Catherine Maxwell Stuart, Traquair House
Mr+Mrs McLellam, Rannoch Station
Eric Mutch, Banff
PLM-Piloten, David Adams und Dominic Lawlor
Hector Russell Kiltmakers, Inverness
Andrew Sebire, Derbyshire
Patrick Shearer, Kirkwall
Alex Smart, Parkmore Cooperidge, Dufftown
Emma Stephen, Fraserburgh
Jane Seymour, Corgaff
Lord Torphichen und Familie, Mid Calder

Vorwort

Zuhause in Australien hatten wir es uns zur Gewohnheit gemacht, jedes Jahr zu Neujahr mit Trara und Zeremoniell in T-Shirts und Shorts einen Kalender an die Wand zu nageln: Edinburgh im Schnee. Der Gedanke an *Caledonian Societies* und *Burns Clubs* war uns zwar zuwider (denn wir waren ja Australier!), aber als schottische Auswanderer – 12 000 Meilen von ‚zuhause' – machten wir das ‚Schottische' einfach heimlich.

In Deutschland habe ich den sentimentalen Kalender durch andere sentimentale Dinge ersetzt: ein Stück Rinde einer schottischen Kiefer von Glen Affric, ein Büschel Heidekraut vom Rannoch Moor, eine Filmbüchse mit Muschelsand von den Hebriden. Sogar mein Computer ist mit ein paar getrockneten Gräsern von Schottlands heiliger Insel Iona dekoriert. Einige Dinge ändern sich einfach nicht.

1992 und 1993 reisten Karl (der für die Schnappschüsse zuständig war) und ich mit einem umgebauten, betagten VW-Transporter insgesamt über fünf Monate durch mein Geburtsland, das ich als Kleinkind verlassen hatte. Von Hannover aus unternahmen wir vier Reisen in vier verschiedenen Jahreszeiten in das Land ‚jenseits des Tweed'. Manchmal erkannten wir ein Dorf bei einem zweiten Besuch kaum wieder – im Winter war es wie ausgestorben, im Sommer von Souvenierjägern überlaufen. Wir erlebten eine Hitzewelle auf den Orkneys und extrem kurze Wintertage auf Skye. Wetter ist ohnehin ein beliebtes und unerschöpfliches Thema, wenn man mit den Einheimischen ins Gespräch kommen will. Es gibt sicherlich ebenso viele Regentage im Januar wie im Juni, weiße Weihnachten und eine lange Skisaison sind selten.

Beim Reisen durch dieses keltische Nordland stolpert man ständig über Geschichte – sie begegnet einem in weiten Glens, auf unvergessenen Schlachtfeldern, in alten Piktensiedlungen, auf Clantreffen und nicht zuletzt in einem Glasgower Pub. Mit diesem BilderLesebuch begleiten Sie uns auf unserer persönlichen Reise. Erwarten Sie also nicht Schottlands Top-Ten-Touristenattraktionen (die haben wir eher gemieden) oder etwa eine Antwort auf das, was dieses Schottland zum Ticken bringt. Aber freuen Sie sich auf die kleinen Überraschungen abseits der Hauptstraßen.

Es gibt viel Lob für uns Schotten, aber auch viele Vorurteile: pessimistisch, geizig, ernst, patriotisch, erfinderisch, gastfreundlich, humorvoll, romantisch, melancholisch. Diese Klischees mögen abgedroschen sein, aber auf die Frage nach dem Wesen der Schotten ist die Antwort so mysteriös und unvorhersehbar wie ein schottischer Sommertag. Sie werden Ihre Schotten schon finden! Viel Spaß!

Jackie Blackwood

SCOT ARRIVES

Clutching a doll, Jacqueline Blackwood, 2, from Linlithgow, Scotland, takes her first look at Sydney after the Orontes berthed yesterday. Jacqueline and her parents will live at Botany.

Jacqueline was one of almost 500 children who arrived in the Orontes. Most of the 1,408 passengers were travelling under the Commonwealth Migration Scheme.

Eight teachers conducted a daily school on the ship.

Swimming instruction was given and more than 60 children received special certificates.

In den Borders

Ein gutes Stück südlich der englisch-schottischen Grenze hielten wir an, um etwas zu essen. Der Pub nannte sich unverfroren *The Highlander*: Teppiche in grellem Schottenmuster, auf den Tischen Plastikdeckchen und Untersetzer mit Bildern vom Hochland, und an der Wand posierten muskulöse Highlander im Schottenrock vor bergiger Landschaft. Aber es gab Roastbeef und Yorkshire-Pudding und die Bedienung sprach mit reinstem englischen Akzent.

Es gibt wenige Hauptstraßen, die über die Grenze führen, und bis auf eine verlaufen sie alle in Küstennähe. Nur die A68 führt durch das landschaftlich reizvolle Herzstück der nördlichen Grenzgebiete Englands und Südschottlands und deshalb wollen wir (Theodor Fontane reiste seinerzeit per Eisenbahn) sie als Route in das Land *jenseits des Tweed* empfehlen. Die kompromißlose Geradlinigkeit dieser *Dere Street* verrät, daß schon vor etwa 2000 Jahren die Römer diese Strecke wählten, die uns in ständigem Auf und Ab bis zu den Cheviot Hills führte. Diese abweisende Hügelkette bildet fast über die gesamte Länge der Grenze eine regelrechte Barriere. Und die Verlassenheit der Landschaft, durch niedrig treibende Wolken noch unterstrichen, schien uns vor der Wildnis zu warnen, die noch vor uns lag.

Plötzlich, fast unerwartet, hörte die lange Steigung auf. Carter Bar, der Grenzpaß. Kein Willkommensschild, kein Dudelsackpfeifer grüßte uns, nur ein zwei Meter hoher, rotbrauner Grenzstein ohne Graffiti, auf dem ganz sachlich stand: SCOTLAND – in weißen Lettern, frisch gemalt.

Das Panorama, das sich von hier aus zum Norden hin abzeichnet, soll an klaren Tagen phantastisch sein. Während unserer vier Reisen sind wir jedoch kein einziges Mal in den Genuß dieser Aussicht gekommen. Japanische, französische und englische Touristen, völlig falsch angezogen, steigen aus ihren Fahrzeugen, nur um anschließend sofort wieder darin zu verschwinden und nach Pullovern und Jacken zu kramen. Fröstelnd, aber geduldig stehen sie an, um sich dann – einer nach dem anderen – vor dem Grenzstein fotografieren zu lassen. Bis auf die Knochen durchgefroren, belohnen sie sich schließlich mit heißem Tee und Pommes frites. Die Begleitmusik liefert kein Dudelsack, sondern der Generator der mobilen Imbißbude. Die Botschaft war ziemlich deutlich: Wir waren nicht nur in einem anderen Land, sondern auch in einem anderen Klima angekommen!

Die Grenze verläuft heute mehr oder weniger so wie im 13. Jahrhundert: von Gretna Green im Westen führt sie über Carter Bar und Coldstream, folgt darauf etwa 20 Meilen dem River Tweed, um dann, wie aus reiner Bosheit plötzlich Berwick-upon-Tweed zu umgehen, indem sie kurz davor nach Norden abbiegt. Dieses Berwick hat übrigens mindestens ein dutzendmal den Besitzer gewechselt und obwohl die Stadt seit 500 Jahren nicht mehr zu Schottland gehört, wird dieses nach wie vor von vielen Nationalisten gefordert.

The Borders (mit großem *B* – das Grenzland) ist eine sehr ländliche Region, die sich von der Grenze nordwärts fast bis zu den Außenbezirken von Edinburgh erstreckt. Diese Grenzregion, durch Schlachten zwischen Engländern und Schotten berühmt geworden, erscheint heute sanft, friedlich und fruchtbar. Die Bauernhäuser sind groß und festgefügt, die gepflügte Erde ist rot, die sanft geschwungenen Felder sind geradlinig mit Hecken oder Baumreihen umgrenzt. Nur die Schloßruinen und verlassenen Abteien künden wie riesige Grabsteine von weniger ruhigen Zeiten.

Die einst so herrlichen Abteien wie die von Jedburgh, Kelso, Melrose und Dryburgh wurden – wie viele andere religiöse Bauten – von dem schottischen König David I. (1124–53) in Auftrag gegeben. Sie sollten diesem umstrittenen, umkämpften Gebiet Stabilität bringen und damit wohl auch die Position des Königs stärken. David I. führte ein Feudalsystem ein, teilte den Adligen Land zu und verlangte als Gegenleistung, daß sie eine Burg unterhielten und, wenn nötig, eine Armee aufstellten, um die Region zu verteidigen. Dennoch gelang es den englischen Armeen immer wieder, in Schottland einzufallen, manche in besonders zerstörerischer Weise. 1545 etwa schickte Henry VIII. den Earl of Hertford nach Schottland und dieser berichtete stolz, er habe fünf Burgen, sieben Klöster und 243 Dörfer verwüstet. Hertfords Taten sind als ‚rauhe Brautwerbung' (*rough wooing*) in die Geschichte eingegangen – Henry versuchte nämlich auf diese Weise, eine Heirat zwischen Schottlands Mary Stuart und seinem Sohn Edward zu erzwingen.

Man könnte vermuten, daß Tweed, jenes feine Gewebe, für das die Region bekannt ist, nach dem Fluß Tweed benannt ist. Der Name stammt jedoch in Wirklichkeit von dem Wort ‚tweel' (einer Art von Tuch), das 1826 von einem englischen Angestellten falsch buchstabiert wurde. Noch heute sind Wollstoffe in *The Borders* ständig im Ausverkauf. Hawick, die größte Stadt in den

Borders, hat zahlreiche Wollgeschäfte. Allerdings gibt es auffallend viele baufällige Wollagerhäuser, Zeugen eines vergangenen Wirtschaftsbooms.

Einige Meilen südöstlich der Baumwollstadt Lanark liegt der Marktflecken Biggar. Hier starteten wir am *Hogmanay* (Silvestertag) 1991 zu unserer ersten Reise nach Schottland. Das *Ne'erday*-Feuer, mit dem das alte Jahr verbrannt wird, um das neue zu bringen, ist ein uralter Druidenbrauch, der böse Geister abschrecken soll. Er wird allerdings nur noch an wenigen Orten gepflegt.

Um 21.30 Uhr kündete die Dudelsackkapelle den Beginn einer Prozession an. Die ganze Stadt und ein paar Touristen waren auf den Beinen, um zuzuschauen. Vom Schottenmuster (Tartan) und den typischen Felltaschen (Sporrans) war wenig zu sehen, denn die Dudelsackpfeifer trugen alle Mäntel und Umhänge. Johlende und schreiende Fackelträger folgten ihnen durch die Gassen zum Marktplatz. Ich versuchte, die moderne Kleidung der Fackelträger einen Moment lang zu vergessen und stattdessen einfach einzutauchen in diesen uralten Druidenbrauch, unterzutauchen in dem Gewirr von Schreien, Rufen, Schatten und hüpfenden Flammen, deren Spiegelbilder überall in den kleinen Fensterscheiben der niedrigen, dunklen Häuser um mich herum widerschienen. Trotz des zunehmend orkanartigen Windes wurde auf dem Marktplatz ein riesiges Feuer entzündet. Die Feuerwehrbrigade überwachte es sichtlich nervös, denn die Flammen kamen den alten Steinhäusern am Platz bedrohlich nahe. Aus den oberen Fenstern waren nasse Decken und Teppiche gehängt – für alle Fälle! Zweifellos ein aufregender Beginn des neuen Jahres.

Ich kann mich noch gut erinnern, wie ich als 18jährige gemeinsam mit meiner Großmutter um Mitternacht den Schiffshörnern auf dem Firth of Forth lauschte, die das neue Jahr begrüßten. Dann begann meine Großmutter auf das *first footin'* (etwa: Einstand) zu warten. Die erste Person, die im neuen Jahr an die Tür klopft, soll nämlich Glück bringen. Die Leute hetzen daher

unverdrossen durch die mitternächtliche Kälte, um möglichst viele Freunde und Nachbarn zu beglücken. Es heißt, am besten sei es, wenn eine große und dunkle Person auftaucht, die ein Stück Kohle und einen Kuchen bringt, als Zeichen dafür, daß das Haus immer warm und die Speisekammer immer voll sei. Ich erinnere mich auch, wie ich meine Onkels durch Bridgend begleitete, als sie von Haus zu Haus wanderten, um überall ein ‚Schlückchen' zu kippen. In manchem Haus bekamen wir auch *Black Bun*, einen leckeren, schweren schottischen Früchtekuchen, der den Whisky aufsog und mich für den Rest des Januars sättigte!

Fast jedes schottische Schulkind kann auswendig aufsagen, wie die Engländer im September 1513 den König James IV. von Schottland und 10 000 seiner Männer abschlachteten, wobei nur etwa 100 englische Soldaten fielen. Das war bei *Flodden Field*, gleich jenseits der Grenze bei Coldstream. Von den 80 Mann, die von Selkirk hinübergeschickt wurden, soll nur einer überlebt haben – der Soldat Fletcher, der eine englische Fahne eroberte und zurückkehrte. Ein pechschwarzes Bronze-Denkmal von Fletcher mit dessen Fahne erinnert heute vor dem Rathaus an dieses schottische Trauma. Es ist nicht vergessen. Jedes Jahr, am ersten Freitag nach dem zweiten Dienstag im Juni, gedenken auch die Einwohner des hübschen Städtchens oberhalb von Ettrick Water der Tragödie. Gleichzeitig findet das *Selkirk Common Riding* statt, das an den (bis in das Jahr 1509 zurückreichenden) Brauch erinnern soll, die Grenzen des Gemeindelandes durch Reiterpatrouillen zu kontollieren.

Schon um fünf Uhr morgens wurden wir von dem Geräusch der Blechpfeifen geweckt. Die Morgensonne flutete durch die schmalen Gassen. In den Hauseingängen tauchten Einheimische im Morgenmantel mit dampfenden Teetassen auf. In einer kleinen Seitenstraße hatten sich inzwischen ein paar hundert Pferde verschiedener Rassen und Jahrgänge zusammengefunden. Eine ältere Dame neben mir klärte über das ‚who was who' in der Prozession auf. Ganz offensichtlich war sie keine Anhängerin der Reiter aus dem nahen Hawick, das bereits sein eigenes ‚Common Riding' hatte. „Hawick drängelt sich immer vor! Wissen Sie, daß die dort keine Frauen beim Reiten zulassen!? Die Frauen dürfen den Männern bloß mit Getränken und Sandwiches hinterherrennen; diese Chauvis! Selkirk dagegen ist für die ganze Familie, selbst die Jugend darf mitmachen."

Ein Familienvolksfest. Als jedoch nach ein paar Stunden der Standartenträger wieder zum Marktplatz zurückkehrte und meldete, daß an den Grenzen alles in Ordnung sei, wurde es still und feierlich. Die Kapelle spielte *The Lilting* (Klagemelodie) und fast alle der Anwesenden hatten einen Kloß im Hals; ein paar ältere Leute vergossen sogar Tränen. Selbst 429 Jahre nach der Schlacht rührte die Trauer um die Toten von Flodden die Herzen, und für kurze Zeit war die Stimmung wie bei einer Beerdigung.

Neben der des Soldaten Fletcher gibt es noch zwei weitere Statuen in der Stadt. Eine ist schwarz wie Lakritze und stellt den Afrikaforscher Mungo Park dar. Die andere Statue in glänzendem Grau erinnert an den Dichter Walter Scott, der hier 35 Jahre lang Grafschafts-Sheriff war. Walter Scott wurde 1771 in Edinburgh geboren. Nach seiner Ernennung zum Sheriff begann er, Material für sein erstes veröffentlichtes Werk „Schottische Grenzland-Balladen" zu sammeln. Nach weiteren erfolgreichen Veröffentlichungen investierte er sein Geld in das damals aufblühende Druckereiwesen, was sehr bald zu seinem finanziellen Ruin und 1832 letztlich auch zu seinem Ende führte. Um seine Schulden abzuzahlen, arbeitete sich Scott buchstäblich zu Tode. Er schrieb in Fließbandarbeit 27 Romane, vier Bände Balladen, zwölf Bände Briefe, eine dreibändige Geschichte für Schottlands Kinder, neun Bände über Napoleon sowie unzählige Aufsätze und Geschichten.

Mit Namen Scott und ‚Scot' (Schotte) von Natur, leitete der rührige Sir Walter mit seinen Werken und effektvollen Publicity-Auftritten eine gewaltige Wiederbelebung schottischer Identität ein, ermutigte zum Tragen des Schottenrocks und begründete

ein volkstümliches und romantisches Schottlandbild, auf dem noch heute die Tourismusindustrie baut. Es gelang ihm 1822 sogar, 200 Jahre nach dem Besuch Charles II., George IV. zu einem königlichen Besuch in Schottland und selbst zum Tragen eines Tartan zu überreden.

Abbotsford, das Haus, das er sich gebaut hatte, zieht heute mehr Interesse auf sich als seine Werke. Literaturpilger aus aller Welt schwärmen durch die Gemächer, geführt in vierzehn verschiedenen Sprachen. Es scheint, als habe Scott Abbotsford bewußt als zukünftiges Museum gebaut und ausgestattet. Der Haupteingang ist eine Kopie des Linlithgow-Palastes, die Eingangshalle mit dem Holz der Abtei von Dunfermline getäfelt. Die Decke der Bibliothek mit ihren über 9000 Bänden ist eine Kopie der Decke der kleinen, aber erlesenen Rosslyn Chapel. In seiner ‚Schottomanie' erwarb Scott alle möglichen Reliquien der romantischen Heldenfiguren Schottlands: eine Locke von Prinz Charlie, einen Becher von Robert Burns, ein selbst hergestelltes Notizbuch von Flora MacDonald, die Felltasche, das Gewehr und das Schwert von Rob Roy. Im Hof findet man einen Teil eines Springbrunnens aus der High Street von Edinburgh... und so weiter und so weiter...

The Borders ist angefüllt mit Geschichte. *Traquair House*, südlich von Innerleithen an den Ufern des Tweed gelegen, gilt als das älteste durchgehend bewohnte Haus in Schottland. Ursprünglich als ‚Jagdhütte' gebaut, wurde das Haus in den Unabhängigkeitskriegen in ein befestigtes Bollwerk mit massiven Mauern und winzigen Fenstern umgewandelt. Es gibt immer noch etwa 300 dieser schottischen Festungen (tower houses), viele befinden sich in einem derart beklagenswerten Zustand, so daß sie dringend repariert werden müßten. Andere sind unbewohnt und verfallen. Den überzeugendsten Anblick bietet Traquair House durch die verrosteten, grasumwachsenen und geschlossenen Tore, durch die der Blick über die wunderschöne Baumallee hinunter zum Schloß fällt. Die Tore sind die berühmten *Bear Gates* oder

Steekit Yetts. Der fünfte Earl of Traquair verschloß sie 1745 hinter Bonnie Prince Charlie und versprach, sie erst wieder zu öffnen, wenn ein Stuart auf den Thron zurückkehren werde.

Die Liste der ‚lohnenden Orte' in den Borders ist fast endlos. Statt der Touristenmagnete suchten wir versteckte Schätze, Orte, in denen weder Busparkplätze, geharkte Kieswege noch Hochglanz-Faltblätter die Phantasie rauben. Geschichte zum Anfassen. Zwei dieser Orte (die auch in guten Reiseführern stehen) sind Rosslyn Chapel und Crichton Castle.

Rosslyn Chapel liegt nur sieben Meilen südlich von Edinburgh. Die Kapelle wurde in der Mitte des 15. Jahrhunderts von dem Lord von Rosslyn Castle erbaut und dient heute als Episkopalkirche. Für den Bau des nur 21 Meter langen, aber mit reichhaltigem Dekor ausgestatteten Architekturjuwels ließ er Steinmetze aus ganz Europa kommen. Um die berühmte *Prentice Pillar* (Säule des Lehrlings) rankt sich eine tragische Legende. Als der Steinmetzmeister einmal abwesend war, schuf ein Lehrling eine herrliche, reich verzierte Säule. Der von Neid verzehrte Meister erschlug den Lehrling mit einem Holzhammer.

„Wer ist der gegenwärtige siebte Earl of Roslin?" wollten wir wissen. „Ein Polizist in London. Nun gut, er ist jetzt Hauptkommissar." Eine Fotografie an der Wand zeigte neben dem Perücken-tragenden Grafen auch einen vier- bis fünfjährigen Jungen. „Das ist sein Sohn und Erbe, Lord Loughborough; im Kindergarten nennen sie ihn allerdings Jamie."

Es war grau und düster, als wir die A7 jenseits von Gorebridge überquerten. Wenn die Straßen schmal, verlassen und schilderlos werden, erscheinen die Felder größer und beherrschender. Ich fühle mich wie ein Eindringling auf Privatbesitz, die Wege scheinen für Traktoren und Versorgungsfahrzeuge zu sein und nicht für Fremde. Und dann liegt plötzlich an einem Abhang *Crichton Castle* vor uns, in regennassem, orangefarbenem Sandstein. Das dachlose Bauwerk, das aus dem 14. Jahrhundert stammt, steht auf einer kleinen Anhöhe, die von Kühen unterschiedlichster Färbung, Altersstufe und Gewichtsklasse bewacht wird. Der Ort erschien uns zunächst verlassen, doch schon springt ein Freiwilliger von *Historic Buildings* aus seinem Kassenhäuschen und begrüßt uns. Die Burg wirkt von außen unansehnlich, plump und schwer, überall bröckelt es. Aber im Inneren erwartet uns eine Überraschung – eine vollständig in Rauten facettierte Wand, die Kopie einer Fassade des Palazzo Sterepinto in Sciacca auf Sizilien. Diese hier wurde 1591 von dem weitgereisten (auch als Kulturrüpel verspotteten) Francis Stewart 5. Earl of Bothwell errichtet.

Wurzeln

Sowohl meine Familie als auch jeder Historiker würde es rügen, wenn ich vergessen würde, Linlithgow zu erwähnen. In seinem Palast, 14 Meilen westlich von Edinburgh, wurde Maria Stuart geboren und auch mein Vater stammt mit seiner Familie aus derselben königlichen ‚burgh'. So nehme ich an, daß sowohl mein Vater als auch Maria Stuart durch ihre Geburt dort *Black Bitches* (Schwarze Hündin) sind – was ja angeblich eine Ehre ist. Das Schicksal hätte meinen Vater schlimmer treffen können. Er erzählte mir jedenfalls einmal mit schreckerfüllter Stimme, daß er beinahe südlich der Grenze geboren worden wäre (was ihn zu einem Engländer gemacht hätte)! Und ich empfand es auch amüsant zu erfahren, daß meine Großeltern vor dem Zweiten Weltkrieg (aus London) nicht nur wegen des drohenden Krieges nach Schottland zurückgekehrt waren, sondern auch, um sicherzustellen, daß ihr Sohn einmal als Schotte für das schottische Fußballteam spielen könnte!

Drei Meilen weiter in Richtung Edinburgh liegt das Dorf Bridgend, aus dem die Familie meiner Mutter stammt. 1991 habe ich dort bei meinen Großeltern Weihnachten verbracht. Karl kam später mit unserem VW-Bus nach. Bridgend ist eine Ansammlung von zweistöckigen, grauen Zweifamilienhäusern mit Rauhputz, die in den 30er Jahren für die Bergarbeiter einer Schiefermine gebaut worden waren. Da diese Siedlung auf keiner Karte verzeichnet ist, mußte ich den Weg irgendwie beschreiben: „Vierzehn Meilen hinter Edinburgh siehst du einen niedrigen Hügel, auf dem ein paar Häuser stehen. Du wirst Kamine rauchen sehen und du brauchst nur das Autofenster zu öffnen und dem Geruch von brennender Braunkohle zu folgen. Wenn du glaubst, daß du in Ostdeutschland bist, weißt du, du bist angekommen!"

Ich war dort mehrere Male seit unserer Auswanderung nach Australien. Das erste Mal kam ich für einen Sommer zurück, als ich zwölf Jahre alt war. Meine Großmutter hatte eine Speisekammer in der Küche, aber keinen Kühlschrank. Eine Küche ohne Kühlschrank war für ein australisches Kind unvorstellbar, aber als ich die arktische Luft spürte, die selbst im Sommer aus der Speisekammer kam, erschien es mir logisch. Mein zweiter Besuch fiel in den kältesten Winter, den Schottland seit Jahrzehnten erlebt hatte. Ich mußte mir passende Mäntel und Schuhe kaufen, aber noch mehr entsetzten mich die Eiszapfen im Bad. Ich glaube, diesen verdanke ich meine unglaublich geduldige Blase.

Unten im Eingangsraum mit dem offenen Feuer war es oft wie in einem Backofen. Es gab nur wenige Tage im Jahr, an denen das Feuer nicht flackerte. Der Kohlenmann war immer die Garantie für einen warmen Winter. Mein Großvater und sein Bruder kauften regelmäßig eine Tonne Kohle, um sie mit dem Wagen und den Clydesdale-Pferden ihres Vaters auszuliefern – davon lebten sie. Es war wichtig, nur die beste Qualität zu bekommen. Die Kohle von heute gefällt meinem Großvater überhaupt nicht. „Sie ist ‚voller Steine' – aber was macht's, die polnische ist ohnehin billiger." Heute haben sie Zentralheizung und Isolierglasscheiben – und ich vermisse das Kaminfeuer.

Obwohl ‚Granpa' sehr patriotisch ist, gehört er nicht der SNP (Scottish Nationalist Party) an, wie etwa Sean Connery, der einen *Scotland Forever*-Tatoo auf dem Arm trägt. Doch ist er fest davon überzeugt, daß Schottland ohne England besser dastünde. „Wir habe die besten Bauernhöfe, das beste Fleisch, das beste Wasser, die besten Fische. Schottland liefert hochbesteuertes Erdöl und Whisky, und die ganzen Steuern gehen nach London. Wir haben nur zweitklassige Straßen, wir waren die Versuchskaninchen für Steuererhöhungen (die *poll tax* oder Kopfsteuer)", wettert er immer wieder. „Und die königliche Familie kommt einmal im Jahr hier rauf, um in den besten Gewässern umsonst zu fischen – und zahlt nicht einmal Steuern." Zumindest diese letzte Ungerechtigkeit hat sich jetzt geändert.

Fast jeder weiß, daß *Van Morrison*, die *Chieftains*, *Enya* und *U2* Iren sind – irische Musik, Volks- und Popmusik wird vor allem als ‚irisch' vermarktet. Aber wer weiß, daß *Gerry Rafferty, Annie Lennox, Wet Wet Wet, Deacon Blue* und *Simple Minds* Schotten sind? Bei *Rod Stewart* und den *Bay City Rollers* ahnt man es vielleicht, weil sie manchmal Schottenmuster tragen. Außerhalb von Schottland aber gelten sie entweder als britisch oder – noch wahrscheinlicher – als ‚englisch'.

Volksmusik hatte in Schottland immer viele Anhänger, aber erst seit wenigen

Jahren gelingt es ihr, ein neues und breiteres Publikum zu erreichen. Folk-Rock-Bands wie *Runrig* und *Capercaillie* haben Lieder geschrieben, die populär sind, obwohl oder gerade weil der Text in Gälisch ist (Musik in fremden Sprachen hat es fast nie geschafft, in die vom Englischen beherrschte Musikszene Großbritanniens einzudringen). Aber die Folk-Music ist nicht nur zum Zuhören, man kann auch danach tanzen, besonders auf sogenannten *ceilidhs* (übersetzt: Treffen), ein Begriff, der meist für eine Art Volkstanz benutzt wird.

Die *Battlefield Band* ist eine der populärsten modernen Folk-Bands Schottlands. Ihr Aufnahmestudio befindet sich im Haus ihres Managers Robin Morton (einem Ex-Mitglied der irischen Gruppe Boys of the Lough) und seiner Frau Alison Kinnaird. Die Glaskünstlerin und angesehene Harfinistin gilt als der treibende Motor für das Wiederaufblühen der schottischen Harfenmusik seit den 70er Jahren. Alison hat gerade ein Buch über die Geschichte der schottischen Harfe, die *clarsach*, veröffentlicht. *The Tree of Strings* (Der Saitenbaum) belegt anhand von alten Quellen, daß die Harfe nicht aus Irland stammt (wie die meisten Historiker und Musiker heute annehmen), sondern aus Schottland.

Temple ist sicher der Ort mit den meisten Harfinisten pro Kopf der Bevölkerung: 16 der 100 Dorfbewohner lernen bei Alison. Obwohl die *clarsach* ein Instrument ist, das traditionell von Männern gespielt wurde, hat Alison es schwer, deren Interesse daran wieder zu wecken. Immerhin hat sie jetzt ein paar Jungen in ihren Klassen. Die beiden leben in einer ehemaligen Kirche in dem Dorf Temple in der Nähe von Edinburgh. Sie schlafen unter der geschnitzten Kanzel, die Küchenschränke und die Holzverkleidung sind aus den Kirchenbänken angefertigt, und gegessen wird an einem ehemaligen Kommunionstisch.

Jedes Jahr treffen sich die Musiker der Battlefield Band mit Mitgliedern anderer Bands zu einer spontanen ‚Mucke'. Schon kurz nach Neun schienen sich die Wände des *Royal Oak*, eines kleinen Pubs in Edinburghs Altstadt, nach außen zu biegen, damit alle hineinpaßten. Sieben Geiger, ein Gitarrist und ein Flötenspieler waren gekommen und wurden (bis in die Morgenstunden) von dankbaren Zuhörern mit Drinks versorgt. Vor Mitternacht häuften sich die Gläser besonders vor Iain MacGregor. Rufe werden lauter, er möge doch seinen Dudelsack herauszuholen. Iain kommt aus einer Familie von angesehenen Dudelsackspielern. Es heißt, man brauche ‚sieben Jahre um es zu lernen – und dazu noch sieben Generationen vor einem'. Die Klangfülle des Dudelsacks hat etwas Respekterheischendes: Selbst die heftigsten Trinker griffen eine Weile nicht zum Glas und hörten zu. Eine Unterhaltung gegen den Dudelsack ist ohnehin unmöglich.

Kein Zweifel – der Dudelsack verfügt über Lautstärke und über mystische Kräfte. Jahrhundertlang wurde er nicht nur zum Tanz, sondern auch in der Schlacht gespielt. Man nannte diese Pipes, die im Entwaffnungsgesetz (Disarming Act) von 1747 offiziell zum ‚Kriegsinstrument' erklärt wurden auch *War Pipes*. Die ‚Kriegspfeifen' stimmten die Krieger psychologisch auf den tödlichen Kampf ein. Noch heute feuern sie den Kampfgeist schottischer Sportler bei internationalen Wettkämpfen an – und vielleicht jagen die Dudelsäcke den Gegnern immer noch ein bißchen Angst ein.

Edinburgh

Edinburgh birgt das gälische Wort *edin* für Hang in sich und ist eine anglisierte Verballhornung des keltischen *Dunedin*. Ein Name, der heute nur noch am anderen Ende der Welt erhalten ist, weil schottische Siedler ihre Stadtgründung auf der Südinsel Neuseelands danach benannten.

In Australien haben mich die Bilder von Edinburgh Castle und der Stadt über 20 Jahre lang begleitet: auf blechernen Keksdosen mit Schottenmuster, auf Kalendern, Postkarten, auf Untersetzern und auf dem beißfesten Edinburgh ‚Rock', der uns spätestens ‚alle Jahre wieder' erreichte. So hatte ich zumindest das Gefühl, einen mir vertrauten Ort zu besuchen. Und die geliebte *Auld Reekie*, die ‚Verräucherte', übertraf die Reklamebildchen, mit denen ich überflutet worden war, sogar bei weitem.

Die Burg ist unübersehbar, so hoch, stolz und vielleicht auch ehrfurchtgebietend steht sie da. Überall spürt man fast fröstelnd ihre Gegenwart. Wenn man zu ihr hinaufschaut erscheint es, als sei sie direkt aus dem vulkanischen Felskegel herausgewachsen, auf dem sie steht. Im Gegensatz zu anderen Städten, in denen immer neue Wolkenkratzer um die herausragendste Position kämpfen, braucht das Castle eine solche Konkurrenz nicht zu fürchten.

The Castle ist sicher eine der wenigen Festungen, die auch heute noch ihrer ursprünglichen Bestimmung dient. Die Armee nutzt Teile der Burg als Kaserne, betreibt hier eine Armeeschule für Dudelsackspieler und die *Esplanade*, die im Sommer als Besucher-Parkplatz genutzt wird, dient alljährlich als Bühne für den *Military Tattoo*. Kürzlich erhielt die Festung jedoch eine schallende Ohrfeige: Die Burg erwies sich als Tagungsort für den ‚Gipfel von Edinburgh' als nicht sicher genug und stattdessen erhielt der *Holyrood Palace* den Zuschlag. Wenn pünktlich um ein Uhr an jedem Werktag ein Kanonenschuß die Besucher erschrecken läßt, so hat dies keinen militärischen Hintergrund. Nach diesem Signal stellten früher die Schiffsbesatzungen auf dem Forth ihre Uhren.

Die Fremdenführer der Burg, bekleidet mit den *trews* (Hosen) der Lowlanders (Highlander tragen *kilts* – Schottenröcke), wissen natürlich sofort, was gemeint ist, wenn nach einem kleinen Eichensarg gefragt wird, der nach einem Feuer 1830 in der Wand der Räume von Maria Stuart entdeckt wurde. „Ach, das sind doch alte Geschichten!", entgegnet lachend der Fremdenführer. „Nun gut, man hat da die Knochen eines Kindes gefunden, in ein Tuch mit den goldgewirkten Initialen ‚J' gewikkelt." – Ob das wohl James heißt? Warum forscht da keiner nach? – „Weil das die Legitimität unserer Queen in Frage stellt", erwidert mein Führer mit nationalistischem Augenzwinkern. „Und wer will das schon?"

Im Castle werden auch die schottischen Kronjuwelen verwahrt. Sie sind älter als die englischen, denn im Gegensatz zu den Engländern, die ihre Juwelen einschmolzen, gelang es den Schotten, die eigenen während der vielen Kriege und Invasionen zu verstecken und so zu erhalten. Die Juwelen waren in Dunnottar Castle an der Nordostküste verborgen worden. Während der Belagerung durch Oliver Cromwell lagen sie unter dem Fußboden einer alten Kirche. Und wer war es wohl, der sie 1822 im Schloß von Edinburgh entdeckte, wo sie fast vergessen und weggeschlossen herumlagen? Walter Scott natürlich, wer sonst?

Über dem Eingang der Ausstellung der königlichen Insignien stehen in Gold die Initialen *ER*. In Schottland sieht man hinter dem Namen von Königin Elisabeth nie eine II stehen. Sie ist Elisabeth II. von England, in Schottland aber die erste. In den 50er Jahren wurden aus diesem Grund viele der typischen roten Briefkästen in die Luft gesprengt, heute werden die Ziffern klugerweise weggelassen.

Als ich die Esplanade herunterschlenderte, erinnerte ich mich wieder, wie oft ich mit meinen Eltern vor dem Fernseher gesessen und den *Tattoo* verfolgt habe. Die Augen meiner Mutter glänzten, wenn sie die bewegende Melodie des Liedes *Amazing Grace* mitsang, mein Vater und ich warteten meist auf den einsamen Dudelsackpfeifer (und manchmal auch ungeduldig auf das Ende).

Die lang abfallende, teilweise mit Kopfsteinpflaster ausgelegte Straße, die vom Schloß bis zum Holyrood Palace führt, wird *The Royal Mile* oder weniger pompös *High Street* genannt. Ein Mekka für Touristen – mit Kathedrale, Antiquitätenläden, Museen, Zentren für kulturelles Erbe und (natürlich) jeder Menge Pubs. Hinter blankgeputzten Schaufenstern wetteifern Shetlandpullover, Dudelsackpfeifer aus Plastik, nostalgische Golfposter und Shortbread-Dosen um die Gunst der Käufer. Man könnte leicht einen Tag damit zubringen, langsam von der Burg durch die vollgestopften Touristenfallen hinunterzuschlendern, um dann nach diesem klaustrophobischen Erlebnis zu dem weiten Areal des Holyrood Palace zu gelangen.

Im letzten Jahrhundert war die High Street von Handwerkern, Buchbindern, Perückenmachern, Druckern und Schneidern bevölkert. Selbst die Hausierer hatten feste Plätze, wo sie ihre Waren anpriesen. An den Fleischerkarren konnten die ärmeren Hausfrauen für einen Sixpence einen Schafskopf kaufen, oder *soor dook* (Buttermilch), das Pint zu einem Penny. Bei den Fischweibern gab es für einen Penny eine Schale mit Heringen und Sprotten.

Von der High Street führen zahlreiche Gassen und Durchgänge zu einem Labyrinth von Eingängen, Treppen und Höfen. Heute leben nur noch vergleichbar wenige Menschen in dieser *Old Town*, in der im 18. Jahrhundert noch 40 000 Menschen wohnten. Damals war es eine stinkende Stadt, wo man – Gott sei Dank! – „Gardyloo!“ schrie, um die Fußgänger zu warnen, wenn man unerfreuliche Dinge aus dem Fenster kippte. *Gardyloo* ist eine wunderbare Verballhornung des französischen ‚gardez l’eau!‘ und ‚loo‘ ist gleichzeitig auch der Slang für Toilette. Zur bleibenden Erinnerung hat man auch das Schiff, das die Abwässer im Forth verklappt, ‚Gardyloo‘ genannt…

Dr. Samuel Johnson, englischer Kritiker, Dichter und Lexikograph, hatte sich überreden lassen, Schottland und die Hebriden gemeinsam mit seinem schottischen Freund und Biographen James Boswell zu besuchen. Im August 1773 hätte er vermutlich in einer Herberge in den schmalen, stinkenden Gassen übernachten müssen, in der Händler und Hausierer Stroh und Sand für die Betten verkauften. Boswell quartierte ihn zwar in seinem Hause ein, doch als die beiden beim Spaziergang auf der High Street an offenen Abwässerkanälen vorbeikamen, konnte er nicht verhindern, daß Johnson „von den abendlichen Ausdünstungen Edinburghs belästigt wurde“. Johnsons beißende Reaktion darauf ist als gern zitierter Ausspruch überliefert: „Sir, die schönste Aussicht, die ein Schotte je vor Augen bekommen kann, ist die Hauptstraße, die ihn nach London führt.“

Wer Mord, Gruselgeschichten und Makabres mag, für den ist Edinburgh das richtige Pflaster. Vor vielen Jahren kauften sich die Jugendlichen für einen Penny noch Schauerheftchen, die einem das Blut in den Adern gefrieren ließen, *penny bloods*. Heute zahlen Besucher fünf Pfund für gruselige Rundgänge auf den Spuren der berüchtigten Verbrecher von Edinburgh. Robert Louis Stevenson schuf seine Figur des Dr. Jekyll und Mr. Hyde nach dem Vorbild des Doppellebens von William Brodie, der hier öffentlich gehängt wurde. Solche Hinrichtungen waren eine ‚Veranstaltung‘, die immer gut besucht war. Tausende kamen, wenn auf dem Grassmarket jemand gehängt wurde.

Um die Nachfrage der örtlichen medizinischen Fakultät zu befriedigen, war Mitte des 18. Jahrhunderts der Leichenraub weit verbreitet. Soeben Gestorbene brachten sieben bis zehn Pfund ein, Fragen wurden nicht gestellt. Viele Familien stellten eigens Wächter für ihre gerade beerdigten Verwandten auf, aber selbst dann war deren Sicherheit nicht gewährleistet – oft genügte ein Glas Whisky, damit der Wächter ‚in die andere Richtung sah‘. Dennoch blieb das Angebot knapp. Ihr makabrer Unternehmensgeist brachte William Burke und

William Hare auf die Idee, nicht, wie die anderen, Tote auszugraben, sondern das Produkt selbst herzustellen. Als sie verhaftet wurden, hatten sie bereits 16 Menschen in ihrer billigen B&B-Unterkunft mit Kissen erstickt. Hare wurde Kronzeuge, was ihm das Leben rettete, Burke aber 1729 an den Galgen brachte. Und so will es die Ironie der Geschichte: Sein Skelett hängt noch heute im Institut für Anatomie der Universität Edinburgh.

Während ich die Gruselgeschichten lese, sitze ich in einem der Luxushotels von Edinburgh, dem Caledonian (oder Cally), um mich ein wenig vom Lärm und dem Gedränge draußen auf der West End und Princes Street zu erholen. Hier, im Blue Room wird uns der Kaffee in einer riesigen Kanne serviert, mit Silberbesteck – für 2 Pfund pro Person. Dazu gibt es köstliches, mit Heidekraut dekoriertes Teegebäck. Inbegriffen ein Blick direkt auf die Burg – es ist der reine Luxus. Ich lehne mich zurück und höre mit Interesse den Sorgen von Diplomatengattinnen zu, und welche Schwierigkeiten es doch mit sich bringt, heutzutage ein Schloß zu verkaufen.

Unser Lieblingsplatz fürs Mittagessen lag gleich auf der anderen Straßenseite. Die Krypta der St. John's Kirche beherbergt neben einer Reihe von kleinen Dritte-Welt-Läden und religiösen Gruppen auch ein Café. Die Luft ist gesättigt vom Geruch heißer Suppen, von Lasagne und warmen Butterbrötchen. Wir wußten zu diesem Zeitpunkt noch nicht, daß wir auf unserer anschließenden Reise keineswegs immer volle Tische mit frischen Flußforellen, wildem Lachs und bestem schottischen Rindfleisch sehen würden. Wir sollten bald erfahren, daß gutes frisches Essen selten und teuer ist. Das schottische Nationalgericht jedenfalls ist *fish supper*, Fisch in dickem Backteig und fetttriefende Chips mit reichlich viel Salz und einer wässrigen, braunen Soße.

Wenn man nicht gerade Schuhe, Kleidung oder Bücher kaufen will, bietet die nördliche Seite der Princes Street dem Besucher wenig, obwohl es sich lohnt, durch das traditionsreiche Warenhaus

Jenners (gegründet 1838) zu streifen. Sobald man sich vorbei an alten, schwarzen Taxen und Doppeldeckerbussen auf die andere Straßenseite gedrängelt hat, kommt man zu den *Princes Street Gardens*. Kein Kommerz, nur Gras, Blumenbeete und Bäume. Diese ruhige Oase ist der Weitsicht eines Lord Provost (Bürgermeisters) zu verdanken, der 1752 im Rahmen seiner Sanierungs- und Erweiterungsvorschläge mit der Trockenlegung des *Nor' Loch* begann (das sich dort befand, wo heute der Park liegt). Auch der Bau der North Bridge, die Verbindung der überfüllten Altstadt mit der geplanten Neustadt im Norden, geht auf ihn zurück.

Nicht zu vermeiden: Walter Scott. Sein Denkmal an der Princes Street gilt als das größte, das je einem Dichter errichtet wurde und ist sogar höher als die Kathedrale von St. Giles. Wenn man die engen Wendeltreppen hinauf in die Spitze nicht scheut, erhält man zur Belohnung eine Rundumsicht über Edinburgh. In dem schwarzen, neogotischen Turmspitz (im Volksmund auch ‚Essigkrug' genannt) sind 64 Figuren aus Scotts Büchern verewigt. Scott selbst sitzt mit seinem Hund Maida im Schatten seines Denkmals.

Edinburghs Hauptbahnhof, benannt nach dem Scott-Roman *Waverley*, liegt gut versteckt hinter dem Park. Mich erinnert Waverley Station vor allem an unsere Emigration nach Australien. Dort nahmen 1961 meine Eltern schmerzhaft Abschied von ihrer Familie, bevor sie den Zug nach London bestiegen, um dort an Bord der *Orontes* nach Sydney zu gehen. 1992 stand ich mit meiner Mutter wieder auf diesem Bahnhof, für sie war es nach 31 Jahren das erste Mal. Ihr Magen krampfte sich zusammen, als sie auf den leeren Bahnsteig blickte, wo die Züge nach London abfuhren. Erinnerungen kamen hoch: zwei jungverheiratete 22jährige, ein schreiendes Kleinkind in den Armen, ein paar Koffer und 40 Pfund Startkapital in der Tasche. Und voller Hoffnung. Hoffnung auf ein neues, unabhängiges Leben in der Fremde, 12 000 Meilen entfernt von der Familie und den Freunden.

Die *New Town*, die südlich der Princes Street beginnt, ist das Ergebnis eines Planungswettbewerbs, der um 1780 stattfand und der von dem völlig unbekannten, damals 22jährigen James Craig gewonnen wurde. Die Häuser, privat finanziert und auf jeweils zugeteilten Straßenblocks errichtet, wurden nach bestimmten einheitlichen Bauvorschriften gebaut: gleiche Dachhöhe und vorgegebene Straßenflucht, in den Details gab es durchaus Variationen. Bis zu den Straßennamen war die Stadt ein Produkt georgianischer Zeiten: George Street, Hanover Street, Queen Street, Princes Street und Charlotte Square. Als ab 1790 die Upper Class begann, sich aus der Altstadt zurückzuziehen (was als ‚der große Umzug' bekannt wurde), nahmen Massen von Leuten aus den Highlands ihren Platz ein. Heute signalisieren rostige und verwitterte Metallschilder „Zu vermieten" oder „Büroräume frei" die Folgen der Rezession. Die Neustadt ist netzförmig über ein Gebiet von 318 Hektar angelegt: mit ihren schwarzen schmiedeeisernen Laternenpfählen und Zäunen, ihren Flanierplätzen und schmuckvollen öffentlichen Gärten ist sie das größte unter Denkmalschutz stehende städtische Gebiet in Großbritannien. Viele dieser Gärten sind allerdings privat, so kann es passieren, daß man in diesen grünen Stadtparadiesen auch mal eingesperrt wird. Uns Eindringlinge jedenfalls mußte eine ältere Dame retten, der wir durch unüberwindlichen Gitterzaun mit Zeichen unsere Situation klarmachen konnten. Die Anwohner zahlen für die Pflege der Gärten… und für den Schlüssel.

St. Andrew Square im East End ist vollgestopft mit Versicherungen, Anwaltskanzleien und Banken. Kürzlich las ich, daß Edinburgh das größte Finanzzentrum Europas sei und konnte es kaum glauben. Ob das etwas mit dem Klischee zu tun hat, daß Schotten ihre Hand fest auf der Geldbörse halten? Die schottischen Banken drucken jedenfalls immer noch ihre eigenen Banknoten, ein Recht, das die englischen Banken im 19. Jahrhundert verloren haben. (Nur die staatliche Bank of England darf die englischen Banknoten drucken.) Aber,

beim Geldwechseln in der Royal Bank of Scotland fiel mir am Nebenschalter ein älterer Herr auf, der offensichtlich schottische Noten gegen englische tauschen wollte. Warum? „Der Wert ist derselbe, aber an manchen Orten, z.B. London, werden schottische Scheine nicht angenommen", schimpfte er. In der Tat ist der Wechselkurs für schottische Banknoten in manchen Ländern niedriger als der für englische.

Die Schlangen der Wartenden in den Banken sind lang, es ist die Zeit des Festivals. Edinburgh ist ohne Zweifel die europäische Festival-Hauptstadt, zumindest im August. Ein polnisches Orchester in der Usher Hall, ein Didgeridoo-Spieler auf den Stufen der National Gallery, schwarzgekleidete Pantomimen-Künstler vor St. Giles – jede Ecke und jeder Winkel wird als Bühne für ausgefallene künstlerische Aufführungen genutzt. Es begann 1947, in einer Zeit, als Leid und wirtschaftliche Depression nach dem Krieg das Leben bestimmten. Einem einflußreichen Operndirektor kam die glorreiche Idee, daß Edinburgh (aufgrund seiner Größe, seiner Bühnen und seiner Möglichkeiten) der geeignete Ort für die Zeremonie des friedlichen kulturellen Austausches sei. Nachdem der Bürgermeister überzeugt war, ist der Rest Geschichte.

Das Festival besteht eigentlich aus mehreren Festivals: dem Internationalen Festival, dem Fringe, dem Jazz Festival, dem Film Festival und – in jedem zweiten Jahr – dem Buch Festival. Allein den 118seitigen Führer zum *Fringe* (das heute schon bei weitem das größte Festival ist und jedesmal größer wird) durchzublättern, fordert höchste Konzentration. Bei Veranstaltung Nummer 143 war ich schon überwältigt von diesem Wirbelwind an Unterhaltung; man stolperte förmlich über Akrobaten auf der Straße, und die Menschen drängten, um überhaupt noch etwas sehen zu können. Jedes Jahr kommen über 3000 darstellende Künstler aus fast allen Erdteilen. Wollte man an allen Veranstaltungen teilnehmen, bräuchte man dazu 24 Stunden täglich – ein ganzes Jahr lang.

Am einfachsten erschien mir, den ‚Fringe Sunday', eine Open Air-Veranstaltung im Holyrood-Park zu besuchen. Ein lebensgroßer windpockengesprenkelter, feuerspeiender Drache lehrte Tausenden das Fürchten, während Clowns und verrückte Akrobaten bei herrlichem Sonnenschein um die Gunst des Publikums buhlten. Eine perfekte Regie beendete den Tag mit einem phantastischen Gewitter (und einem Regenbogen über Holyrood Palace), das dann auch die letzten fröhlichen Gäste vertrieb. Selbst diese Nachzügler erlebten noch eine stilvolle Kontrolle durch zwei unrasierte Polizisten, deren behaarte Beine in pinkfarbenen Stöckelschuhen steckten!

Holyrood Palace ist ein weiterer Touristenmagnet. Auf dem Parkplatz stauen sich die ausländischen Reisebusse. Wer sich den Weg zum Palast bahnt, ist von einem auffallenden Sprachengewirr umgeben. Im Gegensatz zu der kalten Strenge des Castles, hat dieser Palast die Eleganz eines Chateaus aus dem 16. Jahrhundert. Die königliche Familie benutzt ihn im Sommer regelmäßig als Zwischenstation auf dem Weg nach Balmoral in den Highlands. Zu dieser Zeit allerdings ist es unmöglich, auch nur in die Nähe des Palastes zu gelangen.

Tausende von Besuchern, die sich täglich durch die üppig ausgestatteten Gemächer drängen, werden von ehemaligen Feldwebeln geführt, die ihren scharfen Witz ebenso beherrschen wie den üblichen Armeedrill. Eine Nummer ihrer Show ist die Geschichte, wie Charles II. den holländischen Maler Jakob de Witt beauftragte, Portraits von 111 ehemaligen schottischen Königen anzufertigen. Pro Portrait gab es zwei Pfund und De Witt produzierte am laufenden Band, jede Woche einen Kopf. Es wurde gemunkelt, der Maler habe sich zwei Modelle von der Straße geholt und sie als Könige verewigt. Das erklärt die verblüffende Ähnlichkeit.

Neben dem Palast stehen die Ruinen der Holyrood Abbey, die aus dem 12. Jahrhundert stammt. Theodor Fontane war bei seinem Besuch nicht gerade begeistert von der architektonischen Qualität des historischen Ortes: „Der Palast ist ein Viereck von mäßigen Proportionen, ziemlich niedrig… das Ganze ohne Styl, ohne Schönheit, ohne Stattlichkeit, aber doch nicht gerade-

zu häßlich und unverkennbar mit jenen Zügen ausgestattet, die eine Physiognomie interessant machen." Und der junge Felix Mendelssohn-Bartholdy, der ebenso wie Fontane auf den Spuren der Waverley-Romane (die damals literarische Sensation) reiste, notierte 1829 über die Abtei: „Die Kapelle daneben hat kein Dach mehr. Sie ist mit Gras und Efeu überwachsen. Vor dem Altar wurde Mary zur Königin von Schottland gekrönt. Alles ist zerstört, verfallen und liegt unter freiem Himmel. Dort, so glaube ich, fiel mir der Anfang meiner Schottischen Symphonie ein."

Das bewegte Leben dieser *Mary Queen of Scots* liest sich heute wie eine populäre Seifenoper, voll von Neid und Intrigen: mit zehn Jahren weggeschickt, um in eine mächtige französische Familie einzuheiraten, mit achtzehn kehrt sie als schöne Witwe zurück. Sie heiratet wieder, flirtet aber mit ihrem Sekretär, der schließlich von ihrem eifersüchtigen Ehemann umgebracht wird. Den wiederum ermordet ihr Liebhaber, damit er sie heiraten kann. Der Mörder Bothwell soll verhaftet werden, aber Mary gibt sich gefangen, um ihrem Lover die Flucht zu ermöglichen. Später gelingt es ihr, zu ihrer Rivalin, der kinderlosen Cousine in England, zu fliehen. Aber Elisabeth sperrt sie ins Gefängnis und läßt sie 19 Jahre später köpfen! Nein – keine TV-Serie, sondern die Geschichte einer schottischen Königin.

Schon als Kind wurde Mary von den politisch wie religiös rivalisierenden Mächten England und Frankreich wie ein Bauer in einem Schachspiel hin- und hergeschoben. 1561 kehrte Mary, eine überzeugte Katholikin, in ein protestantisches Schottland zurück, das unter dem Einfluß des fanatischen John Knox große religiöse Unruhen erlebte. Die katholische Kirche war zu reich, zu selbstgefällig und zu abhängig von Frankreich geworden. Die Schotten sehnten sich nach einer Rückkehr zu einem geistigeren Leben. John Knox, der 1559 mit calvinistischen Ideen vom Kontinent zurückgekehrt war, wurde zu einer mächtigen Stimme für die Sache der Reformer. In der Folge wurde die katholische Kirche in Schottland aufgelöst, das Lesen der heiligen Messe verboten.

1560 wurde Knox Pfarrer von St. Giles (damals noch eine Kirche, später eine Kathedrale) bis zu seinem Tod 1572. Als Bauwerk ist St. Giles eher unbedeutend. Die Renovierung im 19. Jahrhundert hat vermutlich mehr Schaden angerichtet als die Bilderstürmer der Reformation, die selbst die Statue des Heiligen Giles im Nor' Loch versenkten. Als bedeutende Kirche der Hauptstadt diente sie dem Parlament ebenso als Sitzungsort wie der Generalversammlung und für zahlreiche Staatsakte.

An den Prediger John Knox mit langem Bart und der Figur einer Krähe erinnert man sich vor allem, weil er die strengen Doktrinen des Calvinismus einführte. Das brachte ihm den Spitznamen ‚kill-joy' (etwa: Freudentöter) ein. Bis heute führt man das manchmal reservierte und mürrische Verhalten der Schotten auf diese Strenge zurück. Es wird niemanden überraschen, daß Knox und Mary nicht allzu gut miteinander auskamen. Für Knox waren Frauen ‚der Hafen und das Tor des Teufels' und immer wieder klagte er Mary öffentlich wegen ihres ‚losen' Lebenswandels und ihrer katholischen Riten an. Mary erwiderte Knox mit Vorliebe, er möge doch selbst einmal das leben, was er predigte – er hatte im reifen Alter von 59 Jahren eine Fünfzehnjährige geheiratet und war dann mit zwei Töchtern ‚gesegnet' worden. Immerhin aber trat er – wenn auch nicht nur aus religiösen Gründen – dafür ein, daß jeder Sprengel eine Schule haben sollte, und daß die schottischen Universitäten Studenten aufgrund ihrer Fähigkeiten und nicht – wie die meisten anderen – aufgrund ihres Familienstatus aufnehmen sollten.

Nirgendwo in Schottland wird man einen Ort finden, in dem die Portraits von John Knox und Mary Stuart in einem Raum hängen. Es sei denn, man wird nach Calder Haus eingeladen, dem Wohnhaus Lord Torphichens. Dort hängen die Portraits der beiden links und rechts vom Kamin in der Großen Halle, die Lord Torphichen zum Tischtennisspielen mit seiner Familie benutzt. Seine Vorfahren fungierten zur Zeit Maria Stuarts als Vermittler zwischen den Katholiken und den Reformern.

Ich erinnere mich noch gut daran, als ich 1975 auf meiner ersten Reise nach Schottland in die Kirche von St. Andrew und St. George ging, um mir ein Mittagskonzert klassischer Musik anzuhören. Dort saßen Büroangestellte in dicken Mänteln, aßen ihre Sandwiches und hörten Vivaldi.

1843 war diese Kirche Schauplatz der berühmten ‚Abspaltung' (Disruption). Aus Protest darüber, daß der Adel (die *gentry*) das Recht hatte, die Geistlichen zu bestimmen, verließ eine Gruppe von fast 500 Geistlichen unter Führung von Dr. Chalmers die Kirche, um die ‚Free Church of Scotland' zu gründen. Dieser Auszug veranlaßte den Bau neuer Kirchen in Schottland. Nach der Aufhebung des Patronage Act kehrten die meisten Geistlichen wieder zur Church of Scotland zurück, wodurch die neuerbauten Kirchen ihre Funktion verloren. Heute dienen viele dieser überzähligen Kirchen als Wohnhäuser, Theater, Diskotheken, Lagerhäuser, Restaurants und ähnliches. In einer ehemaligen Kirche in Elgin befindet sich heute ein Pub mit dem vielsagenden Namen ‚High Spirits'. Auf den Western Isles wird man derlei nicht finden: dort haben die *Wee Frees* (Free Presbyterians) immer noch ihre Hochburg.

Über den Forth

Von Bridgend, dem Dorf meiner Großeltern, kann man die roten ‚Ohren' der *Forth Rail Bridge* gerade noch sehen. Keine andere moderne Brücke hat für mich eine derartige Ausstrahlung wie diese gigantische Konstruktion, die von weitem wie das rötlich oxidierende Skelett eines prähistorischen Dinosauriers wirkt.

In den 80er Jahren des letzten Jahrhunderts führte die Eisenbahnlinie entlang der Ostküste nur bis Queensferry. Von dort aus brachte die Fähre *Leviathan* die Züge zum Nordufer. Nach den Plänen der Ingenieure Fowler und Baker wurde über sieben Jahre an dieser damals größten Brücke der Welt gebaut. Es war die erste Stahlkonstruktion und das hatte fast zwingende Gründe.

„Tand, Tand – ist das Gebilde von Menschenhand", läßt Theodor Fontane die Hexen in seiner Ballade über den Einsturz der Eisenbahnbrücke über den Tay flüstern. Die durch einen Sturm ausgelöste Katastrophe, die am 28. Dezember 1879 kurz vor Mitternacht 75 Menschen in den nassen Tod riß, fand durch Fontane nicht nur Eingang in deutsche Schulbücher, sondern bewegte noch lange danach die schottischen Gemüter. Reisende zu jener Zeit warfen Münzen aus dem Fenster, um die bösen Geister fernzuhalten. Heute überquert man den Forth auf einer Autobrücke und zahlt 40 Pence Mautgebühr, anstatt das Geld aus dem Fenster zu werfen.

Dem Jubiläumskatalog zur Hundertjahrfeier der Brücke ist zu entnehmen, daß für den Bau 54000 Tonnen Stahl aus Wales und Motherwell verarbeitet wurden, dazu 7 Millionen Nieten der Clyde River Company, 194 000 Kubikmeter Mauerwerk aus Aberdeen und Arbroath, Sand von den Stränden von Kinghorn und Pettycur, 21 000 Tonnen Portlandzement, usw... Die Kosten beliefen sich auf 3 500 000 Pfund. 57 Bauarbeiter kamen ums Leben (der Grund für viele Unfälle soll der Whisky des Hawes Inn unter der Brücke gewesen sein). Während der Bauzeit waren bis zu 5000 Bauarbeiter an der Brücke beschäftigt, heute sind es immerhin noch ständig 46 Arbeiter für Wartungsarbeiten. Bis vor kurzem verbrauchten dabei 20 Maler 17 Tonnen rote Farbe pro Jahr. Die Anstreicharbeiten wurden inzwischen eingestellt.

Nachdem wir den Forth überquert haben, verweigern wir uns der A9 nach Norden und fahren in die östliche Ecke von Fife, nach East Neuk. Entlang der Küste des Forth liegen aufgereiht malerische, alte Städtchen. Von Crail, einem dieser Ortschaften ist bekannt, daß dort bereits im 9. Jahrhundert Fischhandel betrieben wurde. 1310 erhielt der Flecken im Feudalsystem von König *Robert the Bruce* die ‚Royal Charter', die dem Städtchen den Handel erlaubte – und dies sogar am Sabbath. Vielleicht war das der Grund dafür, daß John Knox in der Kirche oberhalb des Hafens so vehement gegen das Böse predigte. Heute ist Pittenweem das Zentrum der Fischindustrie von Fife. Anstruther – man spricht es Anster – war einer der wichtigsten Heringshäfen (1880 waren hier 221 Fischerboote registriert), bis die Schwärme in den 40er Jahren ausblieben.

Entlang der Ostküste weiter nach Norden erreicht man die alte Universitäts- und Bistumsstadt St. Andrews, die heute vor allem Golfspieler anzieht. Normalerweise hätte ich sie vielleicht links liegengelassen. Karl versteht ohnehin kaum, was Menschen dazu treibt, ausgerechnet in Schottlands rauhem Klima kleine weiße Bälle sinnlos zwischen Löchern hin- und herzuschlagen. Aber meine golfsüchtigen Eltern in Australien hätten es mir nie verziehen, wenn ich diesem Mekka des Golfspiels nicht meine Aufwartung gemacht hätte. Ich glaube sogar, sie halten den heiligen Andreas für den Schutzheiligen der Golf-

spieler, obwohl er doch (jedenfalls ab 750 n. Chr.) als Schutzheiliger Schottlands gilt.

Seit 1754, als hier 22 Adlige und Gentlemen die Regeln des Golfspiels festlegten, hat St. Andrews diesen Status als Mekka aller Golfspieler. Viele meinen, Golf sei der größte Beitrag, den die Schotten zum Wohle der Menschheit geleistet hätten, aber im Britischen Museum wird die Wahrheit offenbart (ein schottisches Museum hätte sie vielleicht verschwiegen): Die Holländer kannten Golf schon früher. Allerdings dienten ihnen Bäume als Ziele, während die Schotten schon immer nach Löchern im Boden zielten.

Es gibt fünf Golfplätze in St. Andrews, aber keiner ist so heilig wie der *Old Course*, der sämtliche Superlative für sich beansprucht: der älteste Golfplatz der Welt, der berühmteste, der natürlichste, der traditionellste usw.. Es ist ein schwieriger Platz, denn die 18 Löcher befinden sich auf einem nur 100 Meter breiten Streifen, wobei in beide Richtungen gespielt wird. Die 138 Hindernisse (mit beziehungsreichen Namen wie ‚Höllenbunker', ‚Horrorloch' und ‚Feuerloch') die Büsche, die Dünen und die starke Brise vom Meer lassen den Dünenkurs offensichtlich zu einem der ‚dankbarsten' werden, die es gibt.

Gleich neben dem Old Course liegt die Gralsburg des Golf, *The Royal and Ancient Golf Club of St. Andrews*, kurz *The R&A*. Hier werden die Regeln und Etikette des Golfspielens überwacht. Aus den zwei Seiten mit 13 Weisungen, die 1744 von 22 Edelleuten niedergeschrieben wurden, sind heute nicht weniger als 60 Seiten 34 strenge Regeln geworden. Das Clubhaus ist ‚nur für Mitglieder' und so etwas wie der heilige Gral: Zugelassen sind nur Männer und Mitglied wird nur, wer ein Minimum von 20 Empfehlungsschreiben anderer Clubmitglieder vorweisen kann.

37 000 Spieler haben 1992 auf diesem *golf links* gespielt, dessen Rasenteppich dreimal täglich auf drei Millimeter gestutzt wird. Von Sonnenaufgang bis zur Abenddämmerung startet in Abständen von acht Minuten jeweils ein Team von drei bis vier Golfpilgern ihre Runde, der sie schon so lange

entgegengefiebert haben. Drei Wächter mit Walkie-Talkies und Schutzhelmen fahren ständig auf Mopeds die Strecke ab und treiben die langsamen Teams höflich zur Eile an. Wer zurückliegt, erhält zunächst eine ‚Erinnerung', dann eine ‚Verwarnung' und schließlich (was allerdings selten passiert) kann ein Team sogar des Platzes verwiesen werden.

Wir verließen St. Andrews (nicht ohne über alte Friedhöfe und durch Ruinen zu streifen, aber) ohne einen Golfschläger zu schwingen, richteten also keinen Schaden an. Wir überquerten die Brücke über den Tay, fuhren durch Dundee, dann an der Ostküste entlang in Richtung Aberdeen und weiter in die Highlands.

Es ist gar nicht so einfach, die *Highlands* zu definieren. Für die meisten Schotten sind sie das gesamte restliche Land nördlich der *Central Lowlands*, wobei Dundee, Perth und Firth of Clyde in etwa die Grenze bilden. Grob gesagt, man hat die Highlands erreicht, sobald es hügelig wird. Es gibt natürlich auch niedrige und eher flache Gegenden an der östlichen und nordöstlichen Küste, aber wir wollen nicht zu pedantisch werden.

Die Berge der Highlands teilen sich in zwei Gruppen: die *Grampian Mountains* im Süden und im Osten der *Great Divide* (einer geologischen Verwerfung von Inverness bis Fort William), und die *North West Highlands* nördlich und westlich davon. Die North West Highlands gehören zum ‚Highland Bezirk', ebenso wie einige der *Grampians*. Die übrigen Grampians liegen verstreut in den Bezirken von Strathclyde, Central, Tayside und (wir ahnen es bereits) von Grampian. Aber zu sehr sollte man sich darüber nicht den Kopf zerbrechen, denn es geht das Gerücht, daß die Regierung diese ‚Verwaltungs'-Bezirke wieder einmal grundsätzlich ändern will.

Die letzte Änderung fand 1974 statt, als so schön klingende Namen wie ‚Sutherland', ‚Perthshire', ‚Caithness' und ‚Wester Ross' von den Landkarten verschwanden, um durch die klinisch klingenden Bezirke ersetzt zu werden. Aber glücklicherweise werden die traditionellen Namen von den Schotten noch immer häufig verwendet – derlei Manifestationen schottischen Erbes sterben nicht so leicht.

Grampian

Aberdeen, die ‚Öl-Hauptstadt' Schottlands, liegt an der Nordost-Küste. Wir blieben nur kurz, denn es gab wenig, was uns gehalten hätte, umso mehr lockte uns die Einsamkeit des Nordens. Die Einheimischen prahlen gern damit, daß Aberdeen den verkehrsreichsten Hubschrauberflughafen und das zweitgrößte Granitgebäude der Welt besitzt. Tatsächlich gibt es so viele Granitfassaden, daß es der Ölmetropole ebenfalls den Spitznamen ‚Granite-City' eingebracht hat.

Schon Besucher früherer Jahrhunderte beschrieben die Stadt lediglich mit ökonomischen Begriffen. So berichtete 1769 Thomas Pennant, der Verfasser eines schottischen Reiseführers, daß Aberdeen 13000 Seelen beherberge, mit Strümpfen, Zwirnen, Lachs und Hafermehl handele und hauptsächlich Waren aus dem Baltikum importiere. Und Samuel Johnson fand es amüsant zu lesen, daß erst Cromwells Soldaten den Aberdeenern beigebracht hätten, Schuhe und Strümpfe herzustellen und Kohl anzupflanzen.

Richtung Norden entlang der Küstenstraße bemerkten wir große Flächen baumlosen Ackerlandes. Auf der Suche nach dem, was einst die ‚Heringsküste' genannt wurde, bogen wir von der Hauptstraße ab und machten eine erfreuliche Entdeckung: Forvie Sands – riesige rote Sanddünen mit vom Wind flachgedrückten Grasbüscheln, weit und breit war kein Mensch zu sehen. Das schottische Wetter hat sicher eher dazu beigetragen, diesen sauberen und einsamen Strand zu erhalten, als die Tatsache, daß es Naturschutzgebiet ist. Statt Eisverkäufer hört man den Schrei der Eiderenten – über sechstausend dieser Wildvögel kommen jeden Sommer zur Brutzeit hierher, um ihre Küken mit Muscheln zu füttern. Nur die endlose Reihe von Hubschraubern stören, die draußen über der offenen See dröhnend die Bohrinseln der Nordsee anfliegen. Auf dem Flughafen Dyce starten und landen täglich über 180 Hubschrauber – zusätzlich zu den 155 Flugzeugen!

Als wir jemandem erzählten, daß wir zum größten Weißfischmarkt Europas nach Peterhead wollen, erhielten wir eine Antwort im Stile Johnsons: „Natürlich! Einen anderen Grund, dorthin zu fahren, gibt es nicht!" Bei unserer späten Ankunft an einem Winterabend fiel es uns schwer, dem etwas Positives hinzuzufügen. Im 17. Jahrhundert noch ein berühmtes Heilbad, vermißt man heute empfehlenswerte Restaurants und Pensionen in den Reiseführern. Wir fanden schließlich ein ‚Guest house' an der Hauptstraße. Es war nicht das erste Mal, daß wir in einer Pension ohne Gemeinschaftsraum übernachteten und unser Frühstück morgens auf einem Tablett vor der Schlafzimmertür entdeckten.

Fortsetzung auf Seite 65

Mit dem Neujahrsfeuer wird das alte Jahr verbrannt, Biggar

Chrichton Castle in den Lothians

Kopie eines sizilianischen Palazzo

„The Borders", einst heißumkämpftes Grenzgebiet

Selkirk Common Riding, Borders

Alison Kinnaird mit einer ihrer Harfenklassen, Temple, Lothian

Edinburgh, „Auld Reekie" – die ‚Verräucherte'

Old Town vor den Salisbury Crags, Edinburgh

Festivalspaß, Fringe Open Day im Holyrood Park

Wachsoldat vor dem Aufgang zum Castle, Military Tattoo

New Town und Charlotte Square

Viktorianische Reihenhäuser bei den „Meadows“

Kneipensession mit der „Battlefield Band", Edinburgh

Taxenstand an der Princes Street, Edinburgh

Forth Rail Bridge – Sieben Millionen Nieten für 54.000 t Stahl

Ölbohrtürme in der Cromarty Firth

Sicherheitscheck vor dem Flug zu einem Ölfeld, Aberdeen

die Cromarty Firth ist Reperaturwerkstatt und Parkplatz für Bohrtürme

Aberdeen ist die größte Versorgungsbasis der Ölfelder in der Nordsee

Fischauktion in den Fischhallen von Peterhead

Ossian inspiziert die Dudelsackband der Atholl Highlanders

Highlander-Aufmarsch, Blair Atholl

Hochland-Knie

„last bets please!"

Renn-Experte

Perth Jagdreiten, Scone Palace, Perthshire

Dunkeld am River Tay, einst religiöses Zentrum Schottlands

Lachse fängt man nur mit schönen Fliegen

„My home is my castle" - Marc Ellington, Towie Barclay Castle

Kirsty vor Muttis Rolls

Ausmarsch der „Men of Lonach", Highland Gathering, Strathdon

Marschverpflegung
Sl'ainghie vha!

Highland-Fling-Tänzerinnen und ihre Jury, Strathdon

Mary und Jane mit ihren Scotchterriern, Strathdon

Wer ist echt? Lonach Gathering, Strathdon

Schottische Hochlandrinder sind Einzelgänger

die Römer nannten Schottland „Caledon“ – ‚bewaldete Höhen‘

im Glen Affric haben Reste dieser Kiefernwälder überlebt

im Tweedanzug
durch Moor + Heide

der Hirsch ist zur
Strecke gebracht, ...

… aber der Weg
ins Tal ist weit …

auf halber Strecke kommt ein Pony zur Verstärkung

auf das Waidmannsglück ein kräftiger Schluck!

Berge von Whiskyfässern warten auf Überholung, Dufftown

Faßbinder in einer Cooperage, Dufftown

Dufftown gilt als die Hauptstadt des Malt-Whisky, Grampian

Alistair arbeitet seit 33 Jahren in der Strathisla-Destille

Crovie, ehemaliges Fischerdorf, „Smuggler's Coast", Buchan

letzte Abendsonne am Pier von Gardenstown, Buchan

Heideblüte in den Grampians

Dunnottar Castle bei Stonehaven, Grampian

Keine Chance, Einheimische und andere Gäste kennenzulernen; nur ein Fernseher wurde als Gesellschaft angeboten. Beim Abendessen erging es uns nicht besser: das mittelmäßige Chinarestaurant hatte erstaunlicherweise kein einziges Fischgericht auf der Speisekarte und angesichts des Tabletts mit Cornflakes und öligen ‚bacon & eggs' zerschlug sich mein Frühstückstraum vom frischen Räucherhering.

Selbst im Gewirr der Bootsmasten ist die zentrale Markthalle – 417 Meter lang mit endlosen Rolltoren – nicht zu übersehen. Es ist sieben Uhr früh und die Computerausdrucke am Hafenbüro verkünden, daß heute 27 Boote 7488 Plastikcontainer mit Fisch angelandet haben. Männer in weißen Mänteln hasten mit Angebotslisten umher und vergleichen die Preise per Mobiltelefon mit denen von Aberdeen. Die Preise starten niedrig und steigen erst gegen Ende der Versteigerung. Eine Kiste mit großen Dorschen oder Schellfischen bringt zwischen 60 und 90 £. Kaum sind die Kisten verkauft, werden auch schon kleine Papierzettel mit den Initialen des Käufers aufgepappt. Und kräftige Männer in Gummistiefeln, Overalls und Handschuhen zerren die Kisten mit Eisenhaken in bereitstehende Kühllastwagen. Hier herrscht eine rauhe Männerwelt, mit rüder Sprache, die selbst Fische erröten läßt.

Doch die Zeiten stehen auf Sturm. Nach Jahrzehnten des Überfischens hat die Regierung nun ein Gesetz zur Erhaltung der Fischgründe verabschiedet. Die EG-Quoten haben für die Fischer zur Folge, daß sie nur an drei Tagen in der Woche zum Fischfang auf See fahren dürfen. Allein in Peterhead beträfe dies etwa 400 Boote. Nun stehen die Fischer vor der Wahl, ob sie die Quoten einhalten sollen (d.h. Tonnen von ‚überzähligem' Fisch wieder ins Meer zu werfen) oder den Fang auf den Schwarzmarkt zu verkaufen und zu riskieren, Arbeit und Brot ganz zu verlieren. Früher war die Küste einmal als ‚Schmugglerküste' bekannt – wird sie nun zur ‚Schwarzmarktküste'?

Pennan, westlich an der Steilküste gelegen, ist vor allem durch den Kultfilm *Local Hero* bekannt geworden. Wir waren vermutlich die ersten Besucher in diesem einst berüchtigten Schmugglerdorf, die den Film nicht gesehen hatten. Baden, einer der letzten beiden Fischer am Ort, weiß ein paar lustige Anekdoten zu erzählen: „Letztes Jahr fragte mich ein Japaner nach dem Weg nach Pennan. Aufgeregt erzählte er mir, er habe Local Hero gesehen. Ich warnte ihn, daß er keinen Sandstrand erwarten dürfe wie im Film. Darauf antwortete er: „Nein, letztes Jahr gesehen Strand, dieses Jahr nur Telefonzelle fotografieren."

„Ich werde euch ein Geheimnis verraten. Na ja, kein Geheimnis, denn eigentlich erzähle ich es jedem," grinst Baden. „Diese Telefonzelle war überhaupt nicht im Film! Sie wollten aus der roten Box in Richtung Meer filmen, aber eine Hütte versperrte die Sicht,. Also deckten sie die richtige Zelle ab und bauten stattdessen daneben eine provisorische aus Holz." Inzwischen ist die Telefonzelle ein geschütztes Denkmal, und die Einheimischen spotten, daß praktisch jeder Tourist einmal von dort aus telefoniert. „Hast du im Film mitgespielt?" „Oh ja", lachte Baden, „als Betrunkener!"

Bei guter Sicht wird man entlang der Steilküste nach Westen mit einer eindrucksvollen Aussicht auf das Meer belohnt. Man übersieht aber leicht die unterhalb der Klippen versteckten Juwelen, und kleine Abstecher zu Fischerdörfern wie Crovie (ausgesprochen Crivie) sind sehr zu empfehlen. Seinen Pkw sollte man auf einem Parkplatz vor dem Dorf abstellen, denn die Straße hinunter zum Kai ist extrem steil und führt nur zu einem winzigen Parkplatz für Anwohner. Früher, als es noch keine Straße gab, benutzten die Bewohner ausschließlich Boote, wenn sie das Dorf verlassen wollten.

Von weitem gleicht Crovie dem Papiermodell eines Dorfes, wie angemalte Papphäuser stehen die kleinen Steinhäuser am Kai aufgereiht, oft nur einen knappen Meter vom Wasser der Bucht entfernt. Dahinter erheben sich graue Giebelhäuser wie störrische Bücherstützen gegen die Elemente; bei einigen lugt nur ein einziges winziges Fenster auf die See hinaus. Ein Schild erinnert daran, daß ein Sturm im Januar 1953 einige Häuser sowie den Fußweg zum nahegelegenen Gardenstown zerstörte. Die meisten Fensterläden zum Meer hin sind fest verschlossen – nicht weil ein Sturm naht, sondern weil das Dorf dasselbe Schicksal erlitten hat wie viele andere: die ehemaligen Fischerhäuschen sind vorwiegend Ferienwohnungen.

Towie Barclay Castle haben wir nur zufällig gefunden. Wir waren bereits mehrere Monate lang in Schottland unterwegs und hatten gelernt, nicht bei jeder Burg, die wir entdeckten, anzuhalten – es gibt einfach zu viele. Marc Ellington und seine Frau Karen, beide Amerikaner, haben die Burg aus dem 12. Jahrhundert vor zwanzig Jahren als Ruine gekauft. Seit zweihundert Jahren hatte niemand mehr darin gewohnt. Sie waren mit die ersten Privatleute, die in Schottland eine solche Restaurierung wagten und wurden mit zahlreichen Preisen ausgezeichnet. Auf Auktionen erwarben sie historische Waffen und Gemälde, alte

Bücher und Stiche. Heute ist ihr mittelalterlicher ‚Schrott' unbezahlbar. Waffen und Ketten hängen an den meterdicken, groben Steinwänden. Selbst die Handtücher im Badezimmer hängen stilvoll an Schwertern. Ein fantastisches Geisterschloß, nicht nur für die Töchter Kirsty und Iona, sondern auch für Besucher. Nachdem Marc nach und nach das umgebende Land aufgekauft hat, ist der ehemalige Folksinger heute zu einem einheimischen ‚Laird' geworden, ein Titel, der in früheren Zeiten nur mit dem Grund und Boden vererbt wurde.

Hinter Mauern und in überwucherten Gärten versteckt muß es Hunderte von Häusern und Schlössern geben. In der Nähe von Turriff hat sich Captain John Hay, ein stiller alter Gentleman im abgetragenen Schottenrock der lebenslangen Aufgabe des Renovierens seines Erbes verschrieben. Delgatie Castle stammt aus dem 11. Jahrhundert und ist eines der am längsten bewohnten Schlösser in Schottland. Captain Hays ganzer Stolz ist eine Kopie jenes Vertrages von Arbroath, der 1314 (sechs Jahre nach der Schlacht von Bannockburn) geschlossen wurde und bei dem ein Hay einer der Unterzeichner war.

Der Historiker John Prebble beschreibt diesen Vertrag als „einen verzweifelten Appell kriegsmüder Männer an den Papst, den König von England zu überreden, „uns arme Schotten, die wir nirgendwo als in diesem armen kleinen Schottland leben können, in Frieden zu lassen." Der 86jährige Hay, der schon in der englischen Kolonialarmee am Khyber-Paß diente, zitierte mit leiser, aber stolzer Stimme: „So lange einhundert von uns noch am Leben bleiben, werden wir niemals einwilligen, uns der englischen Herrschaft zu unterwerfen, denn wir kämpfen nicht für Ruhm, Reichtum oder Ehre, sondern allein für die Freiheit, die ein guter Mann nur mit dem Tod verliert".

Hay war übrigens der einzige Schotte, den wir trafen, der von morgens bis abends seinen Kilt trug. Wir machten uns auf den Weg zu den *Men of Lonach*, die alljährlich im August ihren Kilt aus dem mottengeschützten Kleiderschrank holen, um zu

marschieren. Am Nachmittag brachen wir in die Grampian Mountains auf und wurden von der ersten lila blühenden Heide begrüßt. Je weiter wir in das Hügelland vordrangen, umso tiefer wurde das Lila. Hier in den Grampians ziehen sich die Meilen endlos hin und es dauerte länger als erwartet, bis die Straße sich in das Tal des Flusses Don und nach Strathdon hinunterwand.

Jedes Jahr am vierten Samstag im August findet hier, d.h. genauer gesagt im benachbarten Bellabeg Park, das berühmte *Lonach Highland Gathering* statt. Wir hatten Mühe, den Park zu finden, denn er war nicht einmal auf unserer großen (wenn auch schon löchrigen) Michelin-Karte eingezeichnet. Bei unserer Ankunft um Mitternacht mußten wir feststellen, daß der Park nach heftigen Regenfällen ein einziges Schlammloch war. Auf den umliegenden Wiesen standen Wohnwagen, Generatoren dröhnten. Aus einigen Wohnwagen drang noch Licht und es roch nach den üblichen Wildbret-Hamburgern. Wir machten es uns für die Nacht bequem, aber schon um sechs Uhr früh wurden wir von Dudelsackklängen geweckt. Es war kein einsamer *Lilt* irgendwo in den Hügeln, die Dudelsackpfeifer spielten in unmittelbarer Nähe und wurden selbst zu dieser Unzeit von einer großen Gruppe hellwacher Fans angefeuert. Offensichtlich der Weckruf für die Marschierer.

Doch erst um acht Uhr versammelten sich die Männer des Lonach Marsches vor der örtlichen Grundschule. Es wurden Reden gehalten, und danach gab es den ersten (?) Schluck zu trinken. Im Schottenkaro, mit frisch geputzten Schuhen (brogues), schweren Spießen, Lochaber-Streitäxten und geschniegelten Felltaschen setzte sich der Zug in Bewegung. Aber kaum hatten die stolzen Männer nach einer knappen Meile den Wald erreicht, verschwanden sie durch weiße Holztore zu ihrem ersten ‚Halt' an einem alleinstehenden steinernen Torbogen, den Überresten eines ehemaligen Herrenhauses.

In meiner Broschüre stand, daß die Marschierer „die Schirmherren des Umzuges besuchen, wo ihnen die Gastfreundschaft der Highlands zuteil wird." Für all diejenigen, die eine Überdosis ‚Gastfreundschaft' nicht verkraften konnten, folgte dem Zug ein Pferdegespann. Die kleine Armee ertrug fünf dieser Haltestellen ohne ‚Weigerung'. Nur die Dudelsackspieler taten mir leid, sie spielten fast ohne Unterbrechung. Mittags hielt der Marsch vor einem ehrwürdigen alten Holzbau, der Stathdon Hall, die für den offiziellen Lunch festlich geschmückt war. Welch ein Schauspiel: Reihe um Reihe rotgesichtige Männer in dunklen Gordon-, Wallace- und Forbes-Schottenmustern saßen an den langen Tischen in dem schönen, mit dunklem Holz getäfelten Raum. Aber der Tag hatte erst begonnen. Am Nachmittag gab es *Highland-Games* und am Abend fand der große *Highland-Dance* statt. Ein langer, schöner Tag.

Den Whiskygeruch noch in unseren Nasen, suchten wir entschlossen nach einer Destillerie, der Quelle des Lebenswassers, usquebaugh – schließlich waren wir im Bordeaux von Schottland. Einst fahndeten die Steuereintreiber in den Highlands und auf den Inseln nach kleinen Rauchschwaden, um verbotene Destillierapparate aufzuspüren. 1777 gab es nicht einmal zehn legale Brennereien, aber über 400 illegale. Heute gibt es 117 Whiskybrennereien, die sich schon von weitem an ihren ‚verräterischen' Pagodendächern erkennen lassen.

Solange die Japaner nicht in der Lage sind, dieses Produkt zu kopieren, werden die Alkoholquellen in Schottland wohl auch zukünftig nicht versiegen. Und Joan, unsere Begleiterin durch die Strathisla Brennerei in Keith, überzeugte uns sogar leicht mit ihrer Erklärung: „Es hängt alles vom Wasser ab, vom Granit, von der schottischen Luft und den alten Sherryfässern, in dem der Whisky jahrelang lagert." Strathisla ist eine kleine malerische Brennerei, mit einem alten Wasserrad und dunklen, steinernen Gebäuden aus dem Jahre 1786. Sie rühmt sich, die älteste Brennerei in Schottland zu sein, die heute noch in Betrieb ist.

Wir genossen mehr die ästhetische Seite des Geschäfts, die Architektur, die *still pots* (die zwiebelförmigen Kupferkessel) und die dunklen, mit Sherry getränkten Fässer.

Als ich Albert, der seit 33 Jahren die *spirit safes* (die Messinghähne der Destillation) bedient, gestand, daß mich schon ein Schlückchen Whisky im Softdrink betrunken machen würde, verriet er mir einen wichtigen Tip: „Niemals Eis in den Whisky – niemals!"

Es folgte ein Crash-Course in Sachen Lebenswasser. Die einheimische Gerste wird zunächst in Quellwasser eingeweicht und dann auf dem Boden ausgelegt, um zu keimen (auf diese Weise wird daraus Malz). Das Malz wird in *kilns* getrocknet und zusammen mit heißem Wasser in einem riesigen eichenen Bottich, der sogenannten *mash tun*, gemischt. Nun wird das so entstandene *wort,* eine zuckrige Flüssigkeit, zusammen mit Hefe in riesige Fässer gegeben, um 24 Stunden lang zu gären. Jetzt schlägt die Stunde der kupfernen Kessel und glänzenden Armaturen, in denen nun Alkohol schrittweise ‚herausgekocht', zu immer höherer Reinheit destilliert wird, um anschließend in stockdunklen *warehouses* mindestens drei Jahre lang in Sherryfässern zu reifen.

So schnell wurden wir zu Whisky-Experten! *Malt Whisky* erreicht seine beste Qualität je nach Malz gewöhnlich nach 10 bis 16 Jahren. Obwohl wir wirklich keine erfahrenen Whiskytrinker sind, können wir nun schon den Unterschied zwischen einem guten Highland-Malz und einem torfigen Islay-Malz herausschmecken. Ein *Blended Whisky* (Verschnitt) entsteht, wie der Name sagt, durch die Kombination einer Anzahl verschiedener Malz-Whiskys (darunter auch ‚Grain'-Whisky, der aus ungemalzter Gerste oder Mais hergestellt wird). Wegen der Rauhheit des ‚Grain'-Whiskys und weil die zum Verschnitt verwendeten Whiskys nicht so alt sind wie die Single Malts, sind die ‚Blends' auch nicht so weich wie diese (aber meistens billiger).

Wir begannen, uns in den Highlands heimisch zu fühlen und beschlossen, die Landwirtschafts-Show in Turiff zu besuchen. Schon von weitem hörten wir kreischende Kinder, die auf dem Riesenrad zu stampfender Discomusik herumgewirbelt wurden. Aber auch die Dudelsack-Band (ideal für Schlachten und Kirmesplätze) erwies sich ebenbürtig in diesem Wettbewerb der Geräusche. In Zelten waren Käfige und Kisten mit kreischenden Hennen, Tauben, Hähnen mit flaumigen Füßen, zappeligen Kaninchen und zischenden Gänsen gestapelt. Kinder steckten ihre Finger mit Vorliebe in die Käfige mit den meisten roten Preisbändern. Im Freien konnte das größere Vieh bewundert werden. Robuste Bauern mit roten Gesichtern tätschelten ihren preisgekrönten Tieren liebevoll das Hinterteil, einige Besitzer sahen ihren Zuchterfolgen, die sie so stolz in den Ring führten, erstaunlich ähnlich.

In einem anderen Zelt begannen die Blumengebinde schon zu welken. Alle Arten von Gemüse hatte man liebevoll arrangiert. Im Uhrzeigersinn folgte ich dem Gedränge der kritisch prüfenden Menge zu den preisgekrönten Marmeladen, Sherry- und Essigsorten sowie Früchtekuchen. Besonders viele Leute hatten sich vor dem Kuchen versammelt, der durch ein engmaschiges Hühnerdrahtgeflecht vor direktem Zugriff geschützt war. Neben Teegebäck gab es auch einen unübersehbaren *clootie dumpling* (einen Fruchtpudding, der drei Stunden lang in einem Tuch gekocht wird).

Zeit zum Lunch in der Bäckerei des Ortes. Das Cafe im ersten Stock, ausgestattet mit Resopal- und Chromtischen, Furnierholzwänden, schwarzen Plastikstühlen und einem Teppich in khakigrün, war voll besetzt. Die pausenlosen Bestellungen von Pommes frites mit Fish oder Pies kam im wesentlichen von zwei Gruppen: von Bauern über fünfzig mit Tweedmützen, ärmellosen Pullundern unter schlechtsitzenden Jacken und ausgebeulten Stiefeln – und von der jüngeren Generation in dunkelgrünen Wachstuchmänteln, Jeans und Lederschuhen. Ich aß einen ‚Sheperd's pie', der mit Sicherheit nicht mit dem Fleisch eines jener 10 000 £-Angus-Rinder gefüllt war, die ich gerade gesehen hatte.

Culloden + Tartan

Bevor sie in das Gewirr der vielen Verkehrskreisel und Einbahnstraßen in Inverness eintauchen, machen viele Besucher wie einst Theodor Fontane zunächst noch einen kleinen Umweg, um sich den Schauplatz des letzten blutigen Schlachtgetümmels auf britischer Erde anzusehen – der Schlacht von Culloden – geschlagen am 16. April 1746. Charles Edward Stuart, besser bekannt als Bonnie Prince Charlie, war aus dem Exil in Frankreich zurückgekehrt, um den schottischen Thron zu besteigen. König George II. schickte den Herzog von Cumberland, seinen jüngsten Sohn, um den Aufstand niederzuschlagen, den der Prinz angezettelt hatte. Beide Heerführer, Prinz und Herzog, waren erst 25 Jahre alt.

Bonnie Prince Charlie erhielt allerdings nicht die Unterstützung der Highlander, auf die sich frühere Heerführer verlassen konnten. Die Highland Clans waren durch englische Unterwanderung, Vorurteile und Abhängigkeiten schwächer geworden und bildeten längst keine Gemeinschaft mehr. Man mußte ihnen damit drohen, ihre Häuser anzuzünden, falls sie nicht für den Prinz kämpften. Aber selbst das half wenig. Von den schätzungsweise 32 000 waffenfähigen Highlandern kamen nur 3000, um den Prinzen zu unterstützen. John Prebble, der Autor des Buches *Culloden*, ist sogar der Ansicht, daß viele Väter aus den Highlands zu Hause blieben und damals einen Sohn dem Prinzen zu Hilfe schickten, und einen anderen, um für den Herzog zu kämpfen. Auf diese Weise sicherten sie ihren Besitz, egal wie die Schlacht ausging.

Bonnie Prinz Charlie ist in Schottland eine legendäre Figur. Er wird in Geschichten und Liedern besungen, in den Adelshäusern hängen Porträts von ihm mit blonden Locken, rosaroten Wangen und in Gewändern aus rotem Schottenmuster. Thomas Pennant behauptete allerdings, daß der Prinz nicht in der Highland-Tracht zur Schlacht erschienen sei, sondern „in einem braunen Mantel mit einem lockeren großen Umhang darüber sowie einem gewöhnlichen Hut, wie ihn Landmänner tragen." Angesichts der Niederlage „schien er unfähig zu sein, etwas zu tun, konnte kaum überredet werden, sein Pferd zu besteigen, griff nie in das Geschehen ein, wie man es von einem Prinzen hätte erwarten können, dessen letzter Einsatz auf dem Spiele stand, sondern er floh unrühmlich." 1800 Highlander verloren in der Schlacht ihr Leben, und man setzte 30 000 £ (nach heutigem Wert einige Millionen) auf den Kopf des Prinzen aus.

Der Herzog ging als ‚Schlächter Cumberland' in die Geschichte ein, allerdings nicht aufgrund seines Sieges, sondern wegen des schrecklichen Nachspiels: alle verwundeten Gefangenen wurden getötet, und seine Männer plünderten die Highlands. Manchmal ließen sie von einem Haus lediglich die Wände stehen. Aber Cumberland kehrte als Held nach London zurück. Georg Friedrich Händel komponierte *The Conquereing Hero* für die Siegesfeier in St. Paul's und man benannte eine Blume nach ihm *Sweet William*. In Schottland hingegen wurde ein ekelhaftes Unkraut nach ihm *Stinking Billy* getauft.

Kleine bunte Fahnen markieren heute dieses Stück offenes Land, das von weitem aussieht wie Bauland für eine Neubausiedlung. Einfache mit Inschriften versehene Grabsteine für jeden Clan, der hier kämpfte, lassen das Gemetzel nur erahnen.

Als Folge der Niederlage und aus Angst vor einem neuen Aufstand wurden am 1. August 1747 strenge, ächtende Auflagen erlassen, mit dem erklärten Ziel, die Clans ihrer Identität und Leidenschaft zu berauben. So wurde das Tragen von Schottenmustern verboten. Eine Ausnahme bildete der *Black Watch Tartan*, der von dem Highland Regiment getragen worden war, das auf der Seite der Regierung gekämpft hatte. „Kein Mann oder Junge innerhalb Schottlands, außer solchen, die als Offiziere und Soldaten bei den Streitkräften des Königs angestellt sind, darf – unter welchem Vorwand auch immer – die Kleidung tragen oder anziehen, die man allgemein als Highland-Kleidung bezeichnet, daß heißt weder Plaid, noch Philabeg, noch Kilt, Trouse, Schultergürtel oder dergleichen…"

Selbst der Dudelsack wurde zum Kriegsinstrument erklärt und auf diese Weise allgemein verboten. Ein einmaliger Verstoß wurde mit sechs Monaten Gefängnis bestraft, ein zweiter Verstoß mit siebenjähriger Verbannung in die Kolonien. Nur Viehtreiber (zu deren eigenem Schutz auch das Tragen von Waffen erlaubt war) sowie die Highland-Regimenter durften ihre Dudelsäcke behalten und spielen.

Das Verbot des Schottenmusters unterstrich jedoch nur dessen Bedeutung und würzte die Sache mit Romantik, so daß das Verbot 1782 wieder aufgehoben wurde. Walter Scott löste schließlich eine neue Euphorie für die Tartans, die Highlands, aus. Highland-Gesellschaften blühten auf und bewahrten die schottische Kultur mit Tanz, Musik und Games. Heute gibt es von Boston bis Sydney *Caledonian Societies*, die ‚alles Schottische' kultivieren und bewahren. Man erfand mit großem Eifer neue ‚alte' *setts* (Schottenmuster), um den wachsenden Bedarf im viktorianischen Großbritannien zu decken. Und der Romantizismus dauert an: bis heute wurden über 1300

Schottenmuster im Edinburghs Court of the Lord Lyon registriert und aufgezeichnet. Schottenmuster zieren Packpapier, Teppiche, Tapeten, Miniröcke und Wolldecken. Neil Armstrong nahm ein Stück seines Clan-Tartans zum Mond, und eines der ersten Farbfotos (von James Clerk Maxwell 1861) entstand von einem Stück Tartan.

In seinem Buch *Western Isles* von 1703 stellte M. Martin, MacLeods Gutsverwalter auf Skye, fest, daß jede Insel ihre eigenen Schotten-Plaids besaß, genauso wie jede Siedlung in den Highlands. Woher die Farben und Muster stammten, war unklar, aber sicher haben lokale, natürlichen Farbstoffe eine Rolle gespielt. Martin beschrieb auch, wie Größe und Muster des Plaids auf einem Stück Holz aufgezeichnet wurden, das man bei der Herstellung des Tuches benutzte. Es war also offensichtlich wichtig, ein gleichbleibendes Stoffmuster herzustellen. An ihrem Tartan sollst du sie erkennen!

Durch Mr. Law von der Kilt-Schneiderei Hector Russell in Inverness erhielt ich einen Schnellkurs über den Schottenrock. „Der Kilt war ursprünglich ein Plaid – ein 16x5 Fuß (ca. 5x1,6 Meter) großes Stück rauhes Tuch. Es wurde um die Hüfte geschlungen und mit einem Gürtel gehalten, der Rest über die Schulter gelegt, bei dem üblichen Wetter jedoch noch öfter über den Kopf." Und eine Näherin ergänzte sarkastisch: „Als die Schotten für die Engländer kämpften, kürzten diese den Kilt, damit er weniger störte."

Heute werden für einen *kilt* etwa 7 Meter Stoff verwendet, und man braucht ungefähr 12 Stunden Arbeit für seine Herstellung. Die vielen messerscharfen Falten werden mit der Hand genäht, damit das Muster fortlaufend aussieht. Kilts sind natürlich nur für Männer; Frauen tragen einen Rock oder einen *kirtle*.

Fontane machte in Inverness einen entscheidenden Fehler. Für ihn war die Stadt am *Ness River* der nördlichste Punkt seiner Reise. Er kehrte nach Süden zurück, nicht ohne fasziniert das Angebot in Macdoughal's Warenhaus (gleich neben seinem Hotel gelegen) zu beschreiben: „Allen diesen Artikeln ist das gemeinsam, daß sie in den Clanfarben auftreten... Von der schweren Seidenrobe an, bis herunter zum Zwirnzwickel und Stahlfederhalter, findet sich alles bei Mr. Macdoughal, zusammen, was nur irgend die Farbmischung von roth und blau und grün erthragen kann."

Inverness ist immer noch ein Ort, in dem Touristen anhalten, um sich Gummistiefel und wasserdichte Kleidung zu kaufen, bevor sie in die Berge fahren. Auf dem Rückweg kaufen sie dann Souvenirs. Wir beluden unseren VW-Bus mit Büchsen von Baxter's Soup, Toby's Porridge Oats (fürs Müsli) und Walker's Shortbread. Wir fanden ein B&B (um vor unserem Aufbruch in die Highlands noch einmal zu duschen) in der Nähe der eisernen viktorianischen Fußgängerbrücke über den Ness.

Das große alte Kino am Fluß hatte seine letzte Filmvorführung vor 25 Jahren. Jetzt steht in Leuchtschrift über dem Eingang: *Bingo* und ‚Licensed Bar' und ‚Doors open until 18.30', ‚Eyes down 19.15'. Ich war auf ein schäbiges Etablissement gefaßt, in dem Nummern aus einem Faß gezogen und in eine Menge rauchender Hausfrauen und Rentner gerufen würden. Stattdessen begrüßte uns ein gepflegter Manager, der im Tuxedo herumspazierte, und die per Computer gezogenen Nummern leuchteten auf Farbfernsehschirmen in der Halle auf. Sie wurden mit einer sanften englischen Männerstimme monoton ausgerufen: „Two and eight, twenty-eight" – „Snakes alive, number five". Alle konzentrierten sich auf ihre Karten und hofften, daß sie als erste ihre Nummern zusammen hatten. „All the sixes, sixty-six" – „Doctor's orders, number nine" – „House!" ruft einer. Die Karte wird geprüft und ein Preis gewonnen. „Köpfe runter!" – neues Spiel!

Wir fuhren nach Südwesten den River Ness zum *Great Glen* (oder Glen Mor). Zwei Drittel dieser diagonalen Falte, welche die Highlands in zwei Teile teilt, wird von natürlichen *lochs* gebildet. Die Idee, einen Kanal zu bauen, um den 96 Kilometer langen schiffbaren Wasserweg zu vervollständigen, tauchte erstmals 1726 auf. Die erforderlichen Kosten und Arbeiten waren enorm, und erst 1804, nachdem man Thomas Telford für das Projekt gewonnen hatte, wurde mit den Arbeiten am Caledonian Canal und an den 29 Schleusen begonnen. James Hogg beurteilte 1804 auf seiner

Reise durch die Highlands den Baufortschritt sehr negativ: „...Ich konnte die Sache nur als hoffnungslos ansehen: mein Kopf wurde irgendwie schwindelig und ich empfand eine ähnliches Dilemma wie früher, wenn ich an die Ewigkeit dachte." Aber 1822 wurde der schließlich über eine Million Pfund teure Kanal offiziell eröffnet, obwohl er weiterhin durch abbrechende Uferbänke und Überschwemmungen für Probleme sorgte.

Der größte ‚See' im Great Glen ist *Loch Ness* mit einer Länge von 38 Kilometern einer Breite von 1,6 Kilometern und einer Tiefe von 300 Metern. Ja, das Monster! Was immer man glaubt, Nessie ist eine einträgliche Einnahme einiger gewitzter Schotten geworden. Es begann schon 655 v. Chr. mit dem heiligen Columba, von dem berichtet wird, daß er ‚das wilde Monster' bezwang (eine Tatsache, die dem Heiligen eine große Anhängerschaft einbrachte).

Nach 1933 führte der Bau der A 82 längs des Lochs dazu, daß das Ungeheuer häufiger gesichtet wurde. Nessiejäger strömten in Scharen zum Loch, einige präsentierten allerlei fotografische ‚Beweise'. Als Nessie durch die vielen Monsterjäger gefährdet schien, wurde sie sogar vom Parlament zur geschützten Gattung erklärt. 1975 taufte der bekannte Naturschützer Peter Scott die Seeschlange auf den Namen *nessiteras rhombobteryx*. Erst viel später entdeckte man, daß es nur ein Anagramm von *Monster Hoax by Sir Peter S.* war, ein Monsterstreich von Sir Peter. Sogar die NASA untersuchte die Tiefen mit modernster Sonartechnik. Die Touristen auf den Parkplätzen entlang des Sees und auf den Decks der Passagierschiffe vergessen bei der Aussicht auf Loch Ness nicht die Kamera, wobei alle (selbst Karl) vorgeben, nur die Landschaft im Visier zu haben.

Wir haben Sie nun als Leser entlang der Ostküste nach Norden geführt, aber es geht auch schneller und einfacher. Selbst bei einem flüchtigen Blick auf eine Schottlandkarte fällt die A9 sofort ins Auge. In einer geheimnisvollen Kurve teilt sie die gesamten Highlands in zwei Hälften. Wenn man Fontanes Beschreibung der Leiden eines Reisenden auf der täglich verkehrenden Staatskutsche von Perth nach Inverness liest, gelingt es kaum, die Strapazen auf dem holprigen Weg hinauf zum Killicrankie-Pass nachzuvollziehen. Zu bequem und geradlinig führt die autobahnähnliche A9 durch die Grampians. Kaum hat man Dunkeld verlassen, ist man schon zum Tea in Inverness.

Hinter dem viktorianischen Kurort Pitlochry ist Blair Atholl nicht zu übersehen. Im Gegensatz zu ihren Schwestern verbirgt sich das Schloß von Blair Atholl keineswegs diskret hinter hohen Mauern und Bäumen. Mit seinen weißen Türmchen und Stufengiebeln grinst es einen zähneblekkend an, als müsse es für sich werben. Innen zeigen die Besucher, die gerade die 4 £ Eintritt bezahlt haben, hilfesuchend auf ein Plakat von 1937, als der Eintritt noch einen Shilling und Sixpence kostete. Es herrschte die Atmosphäre eines gut organisierten Geschäftbetriebes. Die Räume und Zimmer sind numeriert, an den Türen stehen Männer im Schottenrock und beantworten bereitwillig alle Fragen. Und wieder eine Sammlung für Schottophile. ‚Reliquien' von Bonnie Prince Charlie: ein Kompaß, ein Plaid und ein blaues Strumpfband sowie einen Brief mit den Befehlen für die Schlacht von Culloden.

Am letzten Sonntag im Mai waren auch wir unter den Tausenden von Besuchern, die wegen der Parade der Atholl Highlanders gekommen waren, der einzigen (so der Touristenprospekt) Privatarmee in Europa. Die 80 Mann starke, mit alten Lee-Enfield-Schloßflinten bewaffnete Armee besteht zum größten Teil aus Angestellten der Schloßverwaltung. Und ihr Chieftain, der Duke of Atholl, dessen Vermögen auf 100 Mill. £ geschätzt wird, gilt als einer der reichsten und – trotz seiner 60 Jahre – begehrtesten Junggesellen Großbritanniens.

Die Parade, die an Zeiten erinnert, als die Clanführer zur Unterstützung des Königs eigene Soldaten stellen mußten, ist nur ein Teil des Showprogramms. In traditionellen ‚Highland Games' werden Kraft und andere kriegerische Fähigkeiten gemessen. Die große Attraktion sind Kraftsportarten wie Hammerwerfen, *putting the shot* und *tossing the caber*, das Stemmen gewaltiger Baumstämme. Als sich die muskelbepackten Männer in Kilt und Turnschuhen warmliefen, glaubten wir noch, die örtlichen Metzger und Klempner zu sehen, doch die Teilnehmer kamen aus Ländern wie Island, Kanada und Australien. Gott sei Dank war wenigstens einer aus Glasgow dabei.

Das Kontrastprogramm zu diesen Demonstrationen der Stärke bildeten die agilen jungen Tänzerinnen, die im *Highland Fling* oder dem *Sword Dance* (Schwertertanz) gegeneinander antreten. Schon beim bloßen Anblick mußte ich mit Grauen daran denken, wie meine Mutter in ihrem königlichen Stuart-Kilt mir und der Tochter unseres englischen Nachbarn mitten in Australien bei 35 Grad im Schatten schottische Volkstänze beizubringen versuchte.

Fährt man die A9 weiter nordwärts, läßt man die Üppigkeit von Atholl bald hinter sich. Die Straße schlängelt sich, immer begleitet von der Eisenbahn, hinauf in eine öde und verlassene braune Hügellandschaft mit Hochmooren und Heiden. Die 462 Meter des *Drummochter* Paß machen die Eisenbahnlinie zur höchstgelegenen in Großbritannien. Und *Dalwhinnie* auf der Nordseite erhebt mit 370 Metern den Anspruch, das höchstgelegene Dorf der Highlands zu sein. Die Pagodentürmchen der Whiskydestillerie signalisieren, daß dies Whiskyland ist. Der Pass scheint das Land auch klimatisch zu trennen: Die Lämmer hier sind jünger und die seltenen Bäume weniger grün als die, die wir nur wenige Meilen weiter südlich gesehen haben.

Schafe + Rotwild

Wieder Inverness, aber nur auf der Durchreise. Wir überquerten die Great Divide auf der bogenförmigen Hängebrücke über den Moray Firth, fuhren entlang Loch Ness bis Beauly, um dort in Richtung Glen Affric abzubiegen. Wir waren eingeladen – zu einer Hirschjagd.

Als wir am nächsten Morgen um acht Uhr die Jagdhütte am Ufer des Loch Affric verließen, bedauerte ich meine zwei Begleiter. Während der Regen an meiner Goretex-Jacke abperlte, trugen Ronnie, der Jagdaufseher, und sein englischer Gast Andrew Tweedanzüge, als sei's der sonntägliche Kirchgang. Unser Ziel ist der ‚North Forest' (Nordwald) unterhalb der 1036 Meter hohen *Lapaich*. Von Wald ist hier oben allerdings keine Spur, es gibt nur Heidekraut, Felsen und Moor.

Caledon, ‚bewaldete Höhen', nannten die Römer Schottland. Der legendäre *Caledonian Forest* hat allerdings nur noch in der Sprache der Jäger und Wildhüter überlebt und obwohl der ursprüngliche Kiefernwald schon vor Jahrhunderten als Bauholz und Brennmaterial in den Eisenhütten verschwunden ist, nennen die Schotten den Lebensraum des Rotwilds unbeirrt 'Deer Forest'. Von den ursprünglich 1.5 Millionen Hektar Kiefernwald sind nur noch Reste als verstreuter Flickenteppich übriggeblieben. Glen Affric gilt als einer der schönsten und größten ‚Flicken'.

Inzwischen sind wir in dichten Nebel gehüllt, die Sicht beträgt 50 Meter, nur dann und wann geben die tiefhängenden Wolken den Blick ins Tal frei. Keuchend und schwitzend gewinnen wir an Höhe.

Ronnie, der 28jährige Jagdaufseher, trägt die automatische Büchse des Jagdgastes. Zwei Stunden später erreichen wir einen Grat und wechseln auf die andere Seite, um der Witterung des Wildes zu entgehen. Plötzlich bedeutet uns Ronnie anzuhalten; etwas tiefer, hinter einem Felsen, grast ein Hirsch. Doch nach einem schnellen Blick durch das Fernrohr winkt Ronnie ab: „Ein Zwölfender! Wir lassen ihn ziehen. Zu gut." Es ist die Entscheidung des Jagdaufsehers, welche Tiere geschossen werden – gewöhnlich die mit schwachen Geweihen, was den Hirschen mit großen und gut geformten erlaubt, sich fortzupflanzen. Aus einer Herde von 300 Rothirschen im nördlichen *beat* (Revier) des Glen Affric werden in jedem Herbst etwa 30 Hirsche und 100 Hirschkühe erlegt, letztere im Winter.

Mit Rotwild war immer mehr Profit zu machen als mit Schafzucht oder mit der Pacht von Kleinbauern. Daß das Rotwild hier in den Highlands überlebte, ist ironischerweise der gegen Ende des 18. Jahrhunderts steigenden Popularität des Jagdsports unter den englischen und schottischen *Upper Ten* zu verdanken. Zu jener Zeit war der Gesamtbestand der Rothirsche auf weniger als 10 000 Tiere gesunken, heute hält sich ihre Zahl bei 250 000.

Wir kämpfen uns weiter durch nasses Heidekraut, über glitschige Felsen und durch morastige Wasserlöcher. Dann gibt Ronnie erneut ein Zeichen. Ein Hirsch steht unmittelbar hinter dem Bergrücken, kaum 80 Meter entfernt. Diesmal ist es ein Achtender mit asymmetrischem Geweih – ideal für einen englischen Jagdgast. Auf dem Grasboden liegend übergibt Ronnie Andrew das Gewehr (der hatte am Morgen bereits eine Schießprüfung abgelegt, um zu beweisen, daß er tatsächlich treffen kann). Der Schuß hallt im Glen wieder. Mit einem kurzen Zucken, die Augen weit geöffnet, rutscht das Tier den steilen Abhang hinunter. Andrew sondiert die Lage und rutscht – an Heidestrünken Halt suchend, den nassen Abhang seiner Beute hinterher. Die beiden Jäger ziehen das Tier auf eine flache Stelle und Ronnie beginnt mit dem Ausweiden.

Mir ist schlecht. Ich gestehe, daß ich kein Jagdfreund bin, und ich könnte nie ein Tier töten. Für jemanden, der gewöhnlich eine Gemüselasagne einem Steak vorzieht, war der Tod dieses großen Tieres ein schreckliches Erlebnis. Aber ich muß mir auch eingestehen, daß diese Kreatur wenigstens ein Leben in Freiheit verbracht hatte. Hier beendete der Schuß ein freies Leben, während so manches unserer Rinderfilets unter lebenslangen, erbarmungswürdigen Qualen in Großmästereien gewachsen ist.

In anderen Jagdrevieren hätte der Jäger nun seine Beute nur auf die Ladefläche seines Allradjeeps zerren müssen. Hier jedoch beginnt die Arbeit erst. Wir befinden uns in unwegsamen Gelände, 700 Meter über der Talsohle. Ein Seil wird um das Geweih des Tieres geschlungen und nach einer kurzen Atempause beginnt Andrew damit, seine 100-Kilo-Beute zu Tal zu ziehen. Nach zwei Kilometern kommt uns ein weiterer Jagdhelfer mit Conny, einem Pony, entgegen. Der Regen läßt nach, aber es dauert noch zwei Stunden, bis wir die trockene Jagdhütte erreicht haben.

Zurück in der Lodge ist es Zeit für ein paar Drinks, für Jagdgeschichten und Fragen. Affric Lodge ist eine der exklusivsten Jagdhäuser in Schottland. 1874 von einem Lord Aberdeen für seine Braut gebaut, wurde die verfallene Jagdvilla kürzlich von einem reichen englischen Geschäftsmann aus Hongkong gekauft und als luxuriöse Jagdherberge restauriert. Die Rotwildjagd ist nicht nur in Schottland ein sehr umstrittener *blood sport*, sondern bleibt gewöhnlich einem sehr exklusiven Personenkreis vorbehalten.

Andrew ist zufrieden mit dem Tag. Er nimmt nur das Geweih mit nach Hause; das Fleisch wird nach Deutschland exportiert. Eines habe ich dazugelernt: Tweedjakken können zwar ihr Eigengewicht an einem verregneten Tag verdoppeln, aber sie halten dennoch trocken – ein Luxus, den meine teure High-Tech-Jacke nicht einlöste.

Obwohl nach den *Clearances* (der Vertreibung der heimischen Pächter zugunsten der Schafe) die Schafzucht durch die gewinnbringendere Jagdpacht abgelöst wurde, sind weite Teile des Nordens noch heute *sheep country*. Im Herzen von Sutherland liegt Lairg, ein kleines Städtchen am südlichen Ende vom Loch Shin an der Kreuzung von fünf Straßen und einer Eisenbahnlinie. Jedes Jahr, an einem Tag im August, ist diese *sheep capital*, die Schafhauptstadt des Nordens, hoffnungslos überlaufen. Rostige Ford-Escorts und schlammbespritzte Landrover parken abenteuerlich am Straßenrand, doch sie wirken wie Zwerge neben den dreistöckigen Sattelschleppern, die gegenüber dem Bahnhof vorfahren. Aus ihnen ergießen sich 39 000 verwirrte Lämmer in ein Labyrinth aus Holzgatter. Und wie zur Einstimmung auf diesen größten Lämmermarkt in Europa regnet es seit drei oder vier Uhr früh ununterbrochen.

„Das kann bis zehn Uhr abends so weitergehen!" stupst mich ein Stammgast auf mein Gähnen hin an. Das Wasser läuft mir den Nacken hinunter. Wahrlich ein Tag für Enten. Männer in durchnäßten Regenmänteln und grünen Gummistiefeln hüpfen wagemutig durch Schlamm und Kot wie losgelassene Frösche. Trockene und saubere Schafe werden mit Gejohle aus Portsoy-Lastwagen und Sattelschleppern in numerierte Gatter gelenkt. Als Orientierungshilfe in diesem Chaos dient ein Katalog. Arthritische Finger versuchen die durchweichten Seiten voneinander zu trennen, während die Schafe mit *„wheesh"* und *„shoosh"* in die Auktionshalle getrieben werden. Ein Schlagen der Arme, und *mobs* von je ein bis zwei Dutzend Schafe strömen in die mit Sägemehl ausgestreute Arena.

In der ersten Reihe der halbrunden Arena sitzen die älteren, in Tweed gekleidete Männer, gestützt auf elegante Spazierstöcke. Auf den Sitzreihen dahinter beraten sich Männer der jüngeren Generation (in moosgrünen Barbour-Jacken) mit ihren Begleitern. Ich frage meinen Nachbarn auf der letzten Bank, warum hier alle ständig so emsig Notizen machen. „Oh, es ist wichtig zu wissen, was dein Nachbar für seine Schafe bekommt – sehr wichtig! Deshalb sind die meisten von uns hier." Die meisten Käufer sind von weit her angereist, einige sogar von Cotswolds im Süden Englands, wo es bis Oktober noch saftiges Gras gibt.

„Seit fast achtzig Jahren gibt's diese Schafauktionen hier", fährt mein Nachbar fort. „Aus ganz Sutherland wurden die Herden über die Landstraßen hierher getrieben. Das kostete Zeit. Nach dem Verkauf mußten die Tiere umständlich in Eisenbahnwaggons verladen werden. Heute können die Farmer und Kleinbauern die Schafe am gleichen Tag mit diesen phantastischen mehrstöckigen Trucks bis vor die Haustür transportieren."

Der Showmaster der Arena ist der Auktionator. Er ist der einzige mit Hemd und kurzen Ärmeln: offensichtlich hält ihn seine hektische Betriebsamkeit warm. Mit unglaublicher Geschwindigkeit brabbelt er unverständlich Preise in sein Mikrophon und hopst ständig, seine Zuhörer fest im Blickfeld, von einem Fuß auf den anderen, um das wortlose Nicken und die fast unmerklichen Fingerzeichen auszumachen. Ein schneller Blick auf den ‚Mob', und er nennt einen Preis, der dem endgültigen Zuschlag gewöhnlich sehr nahekommt.

der Norden

Auf der Straße, die von Lairg nach Norden in Richtung Strathnaver und Tongue führt, wird dem Reisenden bewußt, warum wir Städter aus unserer übervölkerten Umgebung hierher in die Natur flüchten: hier findet man eine wilde, rauhe und offene Landschaft. Ich würde dieser Beschreibung gerne ‚verlassen' hinzufügen. Aber wohin man auch wandert, und sei es, um einen Felsen für eine Aussicht zu erklettern – fast immer wartet schon eines dieser zottigen, grasfressenden Wolltiere.

Der Name *Sutherland* (oder Southland) wurde von Wikingern geprägt, die sich noch weiter nördlich auf den Orkney Inseln niedergelassen hatten. Als Folge der Clearances, der erzwungenen Entvölkerung der Highlands, ist Sutherland heute mit 13 000 Einwohnern das am dünnsten besiedelte Gebiet Großbritanniens. Die Earls of Sutherland besaßen riesige Gebiete im Norden von Schottland. Im Jahre 1785 heiratete eine Tochter der Familie Sutherland einen der reichsten Männer Europas, den englischen Marquis of Stafford (was ihn zum ersten Duke of Sutherland machte). Dieser verdankte seinen Reichtum der frühen Industrialisierung und er brannte darauf, die unrentablen bäuerlichen Kleinpächter auf dem Sutherland Besitz durch eine profitablere Schafzucht zu ersetzen. Obwohl die gewaltsame Vertreibung der Pächter, bekannt als ‚Clearances', überall in den Highlands vorkam, war der Duke aufgrund seiner Rücksichtslosigkeit besonders berüchtigt.

Kleinbauern wurden von der Polizei und den Schergen des Grafen von ihren Höfen und ihren kleinen Pachtstreifen Ackerland vertrieben. In *The Highland Clearances* zitiert John Prebbles einen Augenzeugen, der durch skrupellos gelegte Brände entstandenen Verwüstungen in Strathnaver: „Die Strohdächer aller Häuser waren niedergebrannt, nur die im Wechsel aus Stein und Torf errichteten Mauern blieben stehen. Die Flammen der vergangenen Wochen schwelten noch immer in den Ruinen und ließen spiralförmige Rauchsäulen zum Himmel aufsteigen."

Ein steinernes Standbild des Dukes steht heute auf einer Erhebung oberhalb Golspies und blickt über die entvölkerte Landschaft. Die Sutherlands selbst empfanden sich sogar als ‚wohltätige' Grundherren. Nicht nur, daß sie die Pächter aus den Tälern an die Küste umsiedelten, wo zusätzlich der Fischfang das kärgliche Einkommen aufbessern würde (so es denn überhaupt eines gab). 60 000 £ investierten sie zwischen 1811 und 1820 in diese erzwungene Abwanderung, indem sie Häuser, Straßen, Schulen und Eisenbahnlinien bauen ließen. Doch war dies eher eine Bagatelle, verglichen mit dem, was sie an ‚Gewinn' einbrachte: 1830 verfügte die Familie mit 1,5 Millionen Acres Land über Europas größten Grundbesitz. Selbst Königin Victoria, so wird erzählt, habe bei einem Besuch auf Dunrobin Castle gestaunt: „Ich bin von meinem Haus in Ihren Palast gekommen." Heute sind die 150 Räume von Dunrobin Castle und der Garten (dem des Schlosses von Versailles nachempfunden) für Besucher geöffnet.

Bettyhill, an der Nordküste, ist eine dieser Dorfgemeinden, die von vertriebenen Sutherland-Bauern aus dem unmittelbar südlich gelegenen Strathnaver gegründet wurde. Die Geschichte ihrer ‚Clearances' wird in der ehemaligen Kirche der United Free Church dokumentiert: „Vor der Vertreibung gab es mehr Menschen hier in Sutherland als in Borders", erläutert der Museumsdirektor die Tragödie. „Allein dreitausend Pächter wurden nur aus dieser Mackay Provinz (Strathnaver) umgesiedelt; insgesamt fünfzehntausend in ganz Sutherland." „Sind Sie ein Mackay?" wollte ich wissen. „Nein, ich bin ein ‚Lowlander' aus Edinburgh", war die treffende Antwort.

Wenn die Clearances uns schon wie aus längst vergangenen Zeit erschienen, so wird die Fahrt nach Strathcarron in Easter Ross zu einer Reise in die Vergangenheit. Auf einer winzigen Landstraße durch eine gottverlassene Gegend, entlang einem teebraun gefärbten Flußlauf erreichen wir schließlich Croick Church. Sie gehört zu den fast einhundert Kirchen, die Thomas Telford 1827 im Auftrag der Regierung in den Highlands erbauen ließ. Es gibt nichts Bemerkenswertes an der Architektur, aber die mittlerweile geschützten Fenster erzählen eine tragische Geschichte.

In das Glas der Ostfenster sind mit zittriger Hand Worte des Abschieds eingeritzt: „Die Glencalvie-Pächter residieren im Kirchhof, 24. Mai 1845." Der Kirchhof war die letzte Zuflucht dieser Menschen nach der Vertreibung aus ihren Häusern. Ein Reporter der Tageszeitung *The Times* traf neunzig Rosshire-Bauern auf dem feuchtkalten Friedhof und berichtete: „Ein Feuer war auf dem Kirchhof entfacht worden, um das sich die bemitleidenswerten Kinder drängten. Zwei Krippen mit Kleinkindern waren nahe ans Feuer gerückt, beschützt von mutlos aussehenden Müttern. Andere waren damit beschäftigt, das Zelt mit Hilfe von Decken in Bereiche für verschiedene Familien abzuteilen." Zwei Monate später hatten alle Pächter Strathcarron verlassen – vielleicht waren sie auf dem Weg zur unfruchtbaren Westküste, vielleicht auf einem der *coffin boats,* den ‚schwimmenden Särgen' nach Amerika.

Tongue ist ein kleiner Ort am äußersten Rand des *Kyle of Tongue*, einem tief ins Land eindringenden Meeresarm westlich von Bettyhill. Wir parkten unseren Bus fürs Abendessen unmittelbar am Watt der Bucht. In der kurzen Zeit, in der unser Reis garte, füllte sich der Kyle und die Sandbänke verschwanden. Auf der anderen Seite vom Kyle, bei Talmine, fanden wir einen geschützten Platz für die Nacht. Ein klarer Himmel und genug endlos schimmernde Sterne, um darunter zu schlafen – was wollten wir mehr? Morgens warfen wir das Übernachtungsgeld in eine Blechbüchse und machten uns auf den Weg nach Westen. Ein anderer, über der Sango Bay bei Durness gelegener Campingplatz war einer unserer Favoriten. Von unserem Standplatz unmittelbar an der Abbruchkante der Steilküste bot sich ein überwältigendes Panorama über die aufgewühlte See, deren schaumgekrönte Brecher sich an den aus dem Sandstrand herausragenden Felsen der Bucht brachen. Von hier aus gibt es bis zum Nordpol nichts als Meer und Eis.

Am späten Abend machten wir uns auf den Weg zum nahen Fariad Head. Karl amüsiert, daß ich nach einem schmackhaften Linsen-Curry einige Äpfel und Schokolade in meinem Rucksack verstaue – es wird nie wirklich dunkel im Juni, und wir könnten bis zum nächsten Morgen unterwegs sein. Auf einem sandigen Pfad wandern wir über Schafweiden, klettern über Zäune und erreichen zwischen hohen Sanddünen hindurch schließlich das Wasser. Im flachen grünen Wasser erscheinen die Felsen wie ausgelegt in einem japanischen Garten.

Gerade als wir uns in diese idyllische Ecke der britischen Inseln verlieben, wurden unsere romantischen Illusionen jäh zerschlagen. Aggressive ‚Danger'- und ‚Keep Out!'- Schilder warnen uns vor der friedensstörenden Anwesenheit des Militärs. Um Mitternacht, als der Himmel immer noch ein schwaches Licht verbreitete, illuminierten Leuchtkugeln einige kleine Inseln direkt vor der Küste, und die Navy begann mit Übungsschießen.

„Das ist noch gar nichts gegenüber den Zeiten, in denen Kriegseinsätze geprobt werden", klagt eine Frau, die im Licht der Raketen ihr Fahrrad hinauf zur Künstlersiedlung Balnakeil (ein ehemaliges Armeelager) schiebt. „Im Vorfeld des Falklandkrieges fanden wir überhaupt keine Ruhe. Ebenso beim Golf-Krieg. Jetzt könnte es Jugoslawien sein." An fast jedem idyllischen und abgeschiedenen Flecken, den wir im Hochland entdeckten, würden wir mit größter Sicherheit durch Tiefflieger aus unserer Ruhe gerissen werden.

Es gibt keinen ständigen Zugang zum *Cape Wrath* am nordwestlichen Festlandzipfel von Schottland. Besucher sind auf ein kleines Fährboot über die Kyle und auf einen klapprigen alten Mercedes-Minibus für die eineinhalb Meilen zum Kap angewiesen. Nur an bestimmten Tagen (Sonntag ist am wahrscheinlichsten) ist es möglich, den abgelegenen, 1828 erbauten Stevenson-Leuchtturm zu besichtigen, der *Clo Mor* (mit 300 Meter Höhe die höchsten Klippen des britischen Festlandes) überragt.

Cape Wrath ist eigentlich kein treffender Name für einen militärischen Spielplatz. Er leitet sich wahrscheinlich von dem altnordischen Wort *hvarf* ab und bedeutet ‚Wendepunkt'. Offenbar können wir uns glücklich schätzen, überhaupt hier zu sein. Gestern, so berichten einige Italiener, wurde der Bus für zwanzig Minuten von einer Militärpatrouille aufgehalten und dann zurückgeschickt. Stoff für allerlei abenteuerliche Geschichten: „Vergangene Woche wurde ein Zelt mit dem Hubschrauber ausgeflogen. Irgend jemand hat mitten im Zielgebiet gezeltet. Einmal wurde sogar auf einen Minibus geschossen. Ehrlich!" Touristen lieben solche Geschichten.

In *John o' Groats*, auf der nord-östlichen Festlandspitze von Schottland und 876 Meilen vom englischen *Land's End* entfernt, war der einzige Willkommensgruß eine mobile ‚fish and chip'-Bude. „Sind Sie die letzte Pommesbude in Schottland?" fragte ich. „Nein! Wir sind die erste!" Am nahegelegenen *Duncansby Head* erspähen wir auf der Wäscheleine des Leuchtturms die ‚nördlichste Wäsche' auf dem britischen Festland. Eine rötliche Katze sitzt im Fenster und leckt sich das Maul.

Vom Leuchtturm führt ein Fußweg entlang der Steilküste zu dramatischen Felsformationen und Basaltbögen. Strandnelken und Schlüsselblumen wiegen sich auf den grasbewachsenen Felsen im Wind. Möwen finden sich zur Nacht ein, während Papageientaucher und andere Nachtschwärmer noch aktiv sind. Jenseits der ungewöhnlich ruhigen *Pentland Sea* zeichnet sich scharf die Silhouette der steilen Klippen der Insel Hoy vor der glutrot untergehenden Sonne ab. Orkney – unser nächstes Ziel.

Orkney

Auf jeder Landkarte von Schottland oder Großbritannien erhalten die Orkney- und die Shetlandinseln ihr eigenes Kästchen, so als lägen sie irgendwo weit entfernt. Selten ist jenseits des *Pentland Firth* ausreichend Platz, um die etwa 70 Inseln, aus denen die *Orkney Islands* bestehen, noch auf die Karte zu zwängen. Dabei liegen sie nur zwölf Kilometer von der Nordostspitze des Festlands entfernt auf dem 59. Breitengrad.

Ich hatte alte Fotos gesehen von den Fischerdörfern, von der Heringsflotte, von den *Orcadians* (so werden die Bewohner genannt) und von den berühmten Orkneystühlen. Eine klare Vorstellung davon, wie die Orkneys heute aussehen, hatte ich nicht, als ich da auf der Fähre *MV St. Ola* nach Stromness vor mich hindöste. Denn selbst neue Fotos zeigen immer nur Altes wie etwa die prähistorischen Steinkreise und *brochs* (runde Steintürme) vor beeindruckenden Sonnenuntergängen. Allein der Klang altnorwegischer Ortsnamen – Rousay, Sanday, Scapa, Flotta etc. – sagte mir, daß es sich dabei um etwas Besonderes handeln mußte.

Ich hatte gelesen, daß auf dieser 85 km langen Inselgruppe 20 000 Menschen leben. Während der zweistündigen Fahrt passiert die Fähre dicht die turmhohen dunkelroten Sandsteinklippen der Insel Hoy mit der bizarren Felsnadel *Old Man of Hoy,* die 137 Meter hoch aus dem Meer aufragt. War das vielleicht die *Ultima Thule* (die Kante der Welt), von der der griechische Forscher Pytheas um 330 v. Chr. behauptetete, er habe sie sechs Tage nördlich von Britannien gesehen? Bald näherten wir uns dem ‚Mainland' – so wird die größte Orkneyinsel genannt. Zu behaupten, wir kämen vom ‚Festland' ist hier also nicht ratsam, wir kommen aus ‚Schottland', dies ist ein anderes Land.

1935 schrieb der auf den Orkneys geborene Buchautor Edwin Muir am Ende seiner *Schottischen Reise*: „Ein Tourist allerdings, der nach großartiger Landschaft sucht... würde hier nichts Nennenswertes finden, nichts als nackte niedrige Hügel und ganz normale Bauernhöfe, vermutlich wäre ihm schon nach wenigen Tagen langweilig." Aber dann weist Muir auf die verborgenen Geheimnisse der Inseln hin. Er beschreibt, wie im Sommer „das Licht, das zu dieser Jahreszeit nie völlig der Dunkelheit weicht, langsam matter und matter wird, bis auf einmal, ohne daß jemand sagen könnte, wie es geschehen ist, der Morgen wieder da ist und den Beobachter neckt und bezaubert."

Nähert man sich Stromness, bemerkt man schnell, daß dieser Hafen anders gebaut ist als die üblichen schottischen Fischerdörfer: hier findet man grobe graue Steingebäude mit kleinen Fenstern, deren Giebelseiten auf das Wasser hinausschauen. Viele verfügen über ihre eigene Helling oder Pier in die Hafenbucht von Hamnavoe. Eine schmale Hauptstraße windet sich gegen die vielen vorspringenden Ecken der zweistöckigen Häuser durch den Stadtkern. Enge Gassen führen hinunter zum Wasser, wo die alten Bootsschuppen heute gelegentlich in Gewächshäuser umgewandelt worden sind.

Das Wasser spielte in der Geschichte der Orkneys immer eine wichtige Rolle: für die Wikinger mit ihren Langbooten, für Piraten, Wale und Heringe, für Schlachtschiffe und – in jüngerer Zeit – für Sporttaucher. Mit dem Bild vom rauhen Meer vor Augen, erstaunte es mich umsomehr, auf den Inseln überall weißen Klee und Herden friesischer Milchkühe vorzufinden. Im allgemeinen sind die Orkneys flach, fruchtbar und haben (auch wenn es wenig Bäume und viel Wind gibt) ein vergleichsweise mildes Klima. Diese Eigenschaften waren es auch, die die Wikinger auf die Inseln lockten.

Stromness wurde im 17. Jahrhundert gegründet, als sich der Handel zwischen Europa und den Kolonien zu entwickeln begann. Die Stadt wurde zu einer wichtigen Proviantbasis für Schiffe, die die nördliche Route wählten, um so den Ärmelkanal zu umgehen, wenn dort Kriege oder kapernde Schiffe drohten. Nach der Gründung der Hudson's Bay Comany, die vor allem Handel mit den Indianern Kanadas betrieb, legten nicht nur Frachter an, um Vorräte zu laden, sondern auch, um Arbeiter anzuwerben. 1799 kamen 416 der 530 Angestellten der Hudson's Bay Company von den Orkneys. Auch die Walfangindustrie sorgte für Arbeitsplätze – Waltran war wichtiger Grundstoff für Gleitmittel und unverzichtbar als Lampenöl. 1816, auf dem Höhepunkt des Walfangs, legten 34 Walfangschiffe auf den Orkneys an.

Mit dem Volk der Wikinger verbindet man normalerweise Überfälle und Zerstörung, doch als diese sich auf den Orkneys niederließen, bewiesen sie, daß sie in vielen Berufen etwas leisten konnten – als Schmiede und Seeleute, als Bauern und natürlich auch als Krieger. Mit dem Tod des letzten altnorwegischen Earl (Grafen) 1231 gingen die Inseln auf die Earls of Angus (Grafen von Angus) über und später dann auf die Sinclairs. 1469 waren die Orkneys und die Shetlands Teil der Mitgift, die die Tochter des Königs von Dänemark in die Ehe mit dem zukünftigen König James III. von Schottland einbrachte.

In Stromness schließen die Pubs um 23 Uhr und wir glaubten, uns beeilen zu müssen, um noch einiges zu erleben. Um 22.45 Uhr war die Bar gerade noch halbleer, erst um halb Zwölf füllte sich die Bar im ‚Royal', offensichtlich hatten wir uns zu sehr auf die ‚offiziellen Zeiten' verlassen. Die Kellnerinnen und Gäste tanzten und sangen zur Fiedelmusik eines gewissen Ruby, der ständig grinste. Eine stämmige Frau spielte das Akkordeon. Margaret trug ein ärmelloses Sommerkleid, das den Blick auf ihre fleischigen Arme freigab. Sie spielte mit einem ernsten, konzentrierten Gesichtsausdruck. Nur dann und wann, wenn sich ihr Blick mit dem anderer traf, deutete sie ein Lächeln an und ihre blauen Augen funkelten. Auf dem Tisch vor ihnen reihten sich die Whiskygläser begeisterter Gäste.

Vor allem die Fiedel spielte während der letzten fünfhundert Jahre eine bedeutsame Rolle in der schottischen Volksmusik – sie ist klein und relativ billig. Viele der ‚traditionellen' Melodien haben die Shetlander von weiten Seereisen mitgebracht. Jemand im Pub erzählte uns von Patrick Shearer, einem Geiger, den wir unbedingt besuchen sollten. Wenn er nicht gerade ein paar *jigs* und *reels* spielt, repariert er in einem kleinen Schuppen neben seinem Reihenhaus Schuhe.

Fortsetzung Seite 113

Verzweifelte Abschiedszeilen von Opfern der „Clearances", 1845, Croick

Expertendiskussion auf der Turriff-Landwirtschaftsshow

Zwei Sieger – die Turriff-Show ist die größte im Nordosten

Wer backt den besten Kuchen? Ausstellungszelt

Emma, Siegerin im „Cake Walk"-Tanzwettbewerb

Eilean Donan Castle, Loch Duich, Kintail

das Geheimnis von Loch Ness bleibt – forever!

Fischerei- und Fährhafen Ullapool, Loch Broom, Highlands

Ben Suilven, der Zuckerhut Schottlands, Sutherland

Winterfütterung bei Loch Assynt, Sutherland

der Lämmermarkt von Lairg ist der größte Europas

39.000 Lämmer werden hier an einem Tag versteigert

to buy - or not to buy ? Auktionshalle Lairg

„Blaue Stunde" in der Sango Bay, Durness, Nordküste

Wintersturm, nur Wasser und Eis bis zum Nordpol, Durness

Loch Inchard – und Heidelandschaft, Sutherland

Strandnelken an der Steilküste von Handa

Blick über den Kyle of Durness und die Balnakeil Bay

Sanday, eine der 67 Inseln der Orkneys

Ankunft auf den Orkneys, Blick von der Fähre auf Stromness

Endstation, Lyness, Insel Hoy

„Inverlane", Blockadewrack aus dem 2. Weltkrieg, Burra Sound

Verlassenes Dorf in der Rackwick Bay, Insel Hoy

Edwin lebt seit 50 Jahren in diesem Cottage, Happy Valley

St. John's Head, Sandsteinklippen auf Hoy

137 Meter ragt der „Old Man of Hoy" aus dem Atlantik

flach, fruchtbar, mild – aber windig – die Orkneys

Mückle Flugga, Britanniens nördlichster Leuchtturm, Hermaness

Patrick Shearer, Schuhmacher und Fiddler, Kirkwall

Inselschafe, Eshaness

Haroldswick, Schottlands nördlichstes Postamt

Leuchtturmwärter Jim Leask, Sumburgh Head, Shetland

Lerwick, Hafenstadt der Wikinger, Heringsflotte und Öltanker, Shetland

Shetland Ponies, wetterfest und beliebt bei Kindern

Kleiner Moortümpel auf der Vogelinsel Handa, Westküste

„Tea is served!", die Great Hall im Kinloch Castle Hotel, Insel Rhum

„Auf Orkney hat man drei Möglichkeiten: Fischer, Bauer oder Tod" klärte uns Patrick am nächsten Tag auf. „Auf das letzte hatte ich keine Lust – zu wenig Zukunft." Er lachte. Die Seefahrergeschichten seines Vaters, der bei der Marine war, hatten auch ihn in die Ferne gelockt. „Meine Fiedel und ich sind fünfmal um die Welt gefahren, noch bevor ich 20 war. Ich habe schon in den Bars von Singapur und Sydney gespielt. Wenn meine Fiedel reden könnte", blinzelte er verschmitzt, „hätte sich meine Frau längst scheiden lassen." Sein Lachen war laut und herzlich.

Patrick lebt in einem Außenbezirk von Kirkwall, der Hauptstadt der Orkneys. Obwohl von modernen, gesichtslosen Vororten umgeben, ist der alte Stadtkern mit der alles überragenden Kathedrale noch gut erhalten. Das Zentrum sollte man sich zu Fuß erobern. Von den ohnehin schmalen Hauptstraßen führen noch engere Gassen ab, in denen neben Kaufhausfilialen und Geschäften mit Designerpullovern noch Wolläden zu entdecken sind, in denen sich seit Jahrzehnten nichts verändert hat. Wir freuen uns über einen sonnigen Tag, genauso wie die drei alten Männer in dunklen Anzügen und Schottenmützen, die wie drei Krähen auf der Bank vor dem Tankerness Museum sitzen, um die seltene Sonne zu genießen. Jugendliche bevorzugen einige nebeneinander geparkte Autos, um sich bei heruntergedrehtem Fenster zu unterhalten. So, wie ich es oft in schottischen Kleinstädten beobachtet habe.

Die 1137 vollendete Kathedrale vereinigt in einzigartiger Weise romanische und gotische Stilelemente. Außen geben die roten, gelben, braunen und (den allgegenwärtigen) grauen Steinen dem gewaltigen Sakralbau ein gesprenkeltes Aussehen. Im Inneren wirken die hohen roten Sandsteinpfeiler wie Stämme gigantischer Bäume. Die Größe und die ausstrahlende Ruhe des Baus sind überwältigend. Hier scheint der einzige Platz auf den Orkneys zu sein, wo man den Wind nicht spürt.

1850 legte ein stürmischer Winter in *Skara Brae* an der Ostküste eine Steinzeitsiedlung frei, die der Sand über fünftausend Jahre zugedeckt und konserviert hatte. Einst überdachte Korridore verbinden die grasbewachsenen runden Steinmauern der sechs Häuser. Die nackten Steinwände wirken zwar kalt und hart, doch mit etwas Phantasie kann man sich vorstellen, daß die deutlich zu erkennenden Borde, Betten und Schränke aus Stein mit Hilfe von warmen Fellen, gewebten Tüchern und Tierhäuten sicher für die damalige Zeit recht komfortabel gewesen waren.

Die zerklüftete bergige Insel Hoy, die dem Festland als Wellenbrecher dient, ist uns besonders ans Herz gewachsen. Auf der Straße von Orphir nach Houton erreicht man die mehrmals täglich verkehrende ‚Ro-Ro'-Fähre (roll-on, roll-off), die das Festland mit Lyness auf Hoy verbindet. Kaum angekommen empfing uns eine unheimliche Atmosphäre. Grund dafür war weniger das schlechte Wetter und die Tatsache, daß kaum Leute zu sehen waren, sondern das Gefühl der Verlassenheit. Neben der Straße entdeckten wir sechs oder sieben verrostete Autos, die jetzt einigen Hennen und Hähnen als Zuhause dienten. Einen blauweißen Bedford hatte man in ein Gewächshaus für Tomaten und Topfgeranien verwandelt. Einst arbeiteten auf Hoy bis zu 20000 Menschen (was zufälligerweise der heutigen Gesamtbevölkerung der Orkneys entspricht), heute leben kaum 40 Menschen ständig auf der 149 Quadratkilometer großen Insel. Vermuten würde man höchstens zehn.

In Lyness grüßte uns kein malerisches Hafengebäude. Verrostete Relikte aus der Marinegeschichte, Anker, Schiffsschrauben, Kanonen, Netze gegen deutsche U-Boote und ein uralter Auto-Kran liegen verstreut um das ehemalige Pumpenhaus und heutige Militärmuseum. 1914 wurde die Bucht *Scapa Flow*, ein großer, natürlich geschützter Hafen, als idealer Flottenstützpunkt für Manöver der Royal Navy im Nordmeer ausgewählt. Hier wurde nach der deutschen Kapitulation im November 1918 die entwaffnete kaiserliche Kriegsflotte festgehalten, um die Friedensgespräche abzuwarten. Am 21. Juni 1919 um 10.30 Uhr befahl der Kommandeur der Flotte, Admiral von Reuter, ‚des Kaisers Schiffe' zu versenken, bevor die Briten sie beschlagnahmen konnten. Innerhalb weniger Stunden war der letzte der 74 Zerstörer und Kreuzer auf Grund. Die meisten wurden später gehoben und anschließend verschrottet. Die sieben verbliebenen Kriegsschiffe gelten heute als Eldorado für Wracktaucher.

Im zweiten Weltkrieg wurde die Royal Navy mit Stahlnetzen und Blockschiffen vor Angriffen deutscher U-Boote geschützt. Am 13. Oktober 1939 gelang es jedoch einem U-Boot, in den Flow einzudringen und das Kriegsschiff *Royal Oak* zu torpedieren. Binnen weniger Minuten verloren 833 Menschen ihr Leben. Der sogenannte *Churchill-Damm*, der heute die Inseln Burray und South Ronaldsay mit dem Manland verbindet, war eine der Maßnahmen zum Schutz der Flotte. 60000 massive (bis zu 10 Tonnen schwere) Betonblöcke, von italienischen Kriegsgefangenen gegossen, liegen auf einem Fundament aus 250000 Tonnen Stein. Zusätzlich wurden

Minenfelder gelegt, Detektoren installiert, Küstengefechtsbatterien aufgestellt und weitere ‚Blockschiffe' versenkt.

Das besterhaltene dieser Schiffe ist die 1938 in Deutschland gebaute *Inverlane*, die in den Gewässern zwischen Hoy und der Insel Graemsay auf Grund liegt. Die Fahrt zu dem Wrack ist schwierig, die Flut ist stark und tückisch, und es kostet das kleine Fischerboot viel Kraft, um auf der Leeseite des Schiffes in geschütztes Wasser zu gelangen. Obwohl die ‚Inverlane' seit 1944 hier liegt, ist sie in erstaunlich gutem Zustand. Selbst der Mast steht noch, Moos bedeckt die verrosteten Stahlplatten des Oberdecks und im Inneren des Rumpfes ist das Wasser selbst bei starker Flut ruhig und kristallklar – ein Taucherparadies und Geisterschiff zugleich. .

Die Wettervorhersage war miserabel und so waren wir die einzigen, die an diesem Wochenende von der steinigen *Rackwick Bay* zum *Old Man of Hoy* aufbrachen. Die Raubmöwen über dem weiten Heideland warnten mich mit schrillen Schreien. Die einzigen Lebewesen sonst waren nur noch Schafe und ein paar weiße Berghasen, die sich gegen die dunklen Brauntöne der Heide abzeichneten. Es war ein verzauberter Abend mit einem Sonnenuntergang, der die Farben der roten Klippen und des smaragdgrünen Grases fast unrealistisch verstärkte. Unser Abendessen konnten wir keinen Augenblick unbeaufsichtigt lassen, zu nah strichen die Eissturmvögel über den Räucherlachs und das Brot, das wir mangels Teller auf einem bemoosten Felsstück ausgelegt hatten. Wir legten uns am Rande der Klippen auf den Bauch und staunten. Zwei Bergsteiger, die gerade von der 137 Meter hohen Felssäule zu einem Schlauchboot zurückkletterten, rückten die Höhe des Felsens von 137 Metern erst in die richtige Perspektive. Überraschend kroch feuchter *haar* (Seenebel) verstohlen die Klippen herauf, und die alles einhüllenden dichten Nebelschwaden zwangen uns bald zur Rückkehr.

Wir waren bisher niemandem begegnet. Erst am nächsten Morgen trafen wir auf den Herbergsvater des kleinen ‚Outdoor

Centers'. „In Rackwick leben nur noch acht Menschen", rechnete er uns vor, „das ist achtmal mehr als vor einigen Jahren, als ich hier der einzige war. Seht ihr das Steinhaus dort? Das war die alte Schule, in die ich gegangen bin. 1953 wurde sie geschlossen. Und die kleine Hütte dort drüben? Dort ging mein Großvater zur Schule. Damals gab es noch fünfunddreißig bis vierzig Schüler." Viele der einst verfallenen Steinhäuschen wurden inzwischen zu Ferienhäusern umgebaut.

Unser ‚Lieblingsschlafplatz' auf dem Festland war *Yesnaby*, ein Plateau über der Steilküste, an deren schroffen Klippen sich die *swells* des Atlantiks selbst bei ruhigem Wetter spektakulär brechen. Ein paar Betonsohlen und Ziegelbaracken erinnern daran, daß dies einmal militärisches Gelände war. Auch hier sind wir allein. Am folgenden Tag begegnen wir schließlich anderen Touristen: ein Ehepaar in grobgestrickten Harris-Pullovern, das uns zögernd mit gesenkten Köpfen entgegenkam und ab und zu stehen blieb, um den Boden näher zu betrachten. Ich vermutete, die beiden hätten ihre Autoschlüssel verloren und bot meine Hilfe an. Doch die beiden waren amerikanische Staatsanwälte auf Blumensuche. „Seit zwei Jahren sind wir schon hinter der *Primula scotica*, der schottischen Primel her, und gestern haben wir sie hier gefunden. Man findet sie nur in Nord-Schottland und hier auf den Orkneys." Also zurück auf den Boden! Man muß schon auf Hände und Knie nieder, um die winzige Pflanze betrachten zu können: jeder kleine gerade Blütenstiel hatte eine Dolde von ungefähr sechs leuchtend rosa bis purpurroten Blüten mit einem winzig gelben Mittelpunkt. Nur fotografieren bitte!

Ich hatte Mühe, mir irgend etwas nördlicher als die Orkneys vorzustellen. Doch jetzt stiegen wir in ein Flugzeug nach Sumburgh auf dem südlichsten Zipfel von Shetland gelegen. Ich wollte unbedingt einen Wal sehen und konzentrierte mich auf das Wind- und Wellenmuster unter mir. An der weißen Sandküste einer der nördlichen Orkney-Inseln, vielleicht war es Strontay, entdeckte ich statt dessen zwölf rote, gelbe und blaue Autowracks in einer Reihe. Das Inland war übersät mit grauen verlassenen Steinhäusern, von denen nur noch die Außenmauern standen – aus dem Flugzeug sahen sie aus wie Zahnruinen.

„Fair Isle auf unserer rechten Seite", verkündete der Flugkapitän nach zwanzig Minuten Flugzeit. Die Insel war von der Abendsonne überflutet und sah aus, wie ein dicker Balken eines Kreuzworträtsels auf einem tiefblauen Marmortisch. Siebzehn Bauern mit ihren Familien sollen dort unten leben. Es heißt, daß auf *Fair Isle* dreihundert Seeleute von Schiffen der spanischen Armada strandeten und zwei Monate festsaßen. Fünfzig Seeleute entschieden sich, für immer zu bleiben. Und man behauptet, nicht unbestritten, daß die Spanier den Inselbewohnern die komplizierten Strickmuster beibrachten, für die die Insel heute berühmt ist.

Shetland

Zehn Minuten später landeten wir. Eine Flügelspitze glitt über die steilen schroffen Klippen von Sumburgh Point hinweg, und dann waren wir unten; ein aufregender Anflug auf Shetland. Gleich nach der Landung bekommen wir unsere Belehrung: *Shetland Islands* wird von den Einheimischen akzeptiert, nicht jedoch ‚Shetlands'. Das Dröhnen der Hubschrauber auf dem Rollfeld untermalte die Bedeutung der Fotografien an den Wänden der Airport-Halle: gigantische Bohrinseln und Ölarbeiter in orangefarbenen Survivalanzügen vor dem Abflug nach *Magnus*, *Thistle* oder *Brent*, den großen Ölfeldern der Nordsee.

Für unseren ersten Ausflug bei kristallklarem und sonnigen Wetter hatten wir uns die Inselspitze vorgenommen, die wir gerade überflogen hatten: *Sumburgh Head*. Zweitausend Pärchen der Dreizehenmöwen brüteten hier. Wir hofften vor allem Papageientaucher zu sehen, denn auf Shetland soll es 100 000 Brutpaare dieser beliebten ‚Clowns' geben. Wir hatten sie schon auf Fotos, Plastiktaschen, Keramikbechern, Geschirrtüchern, an Ohrringen, auf Broschen gesehen, aber noch nie in natura. Am Sumburgh Head kann man sie im Sommer nicht verfehlen. Am späten Nachmittag kehren die geschickten Taucher (die kaum laufen und nur schlecht fliegen können) in Scharen vom offenen Meer zurück. Emsig tragen sie kleine Grasbüschel zusammen, um die von ihnen besetzten Kaninchenhöhlen damit auszupolstern.

Zwischen Klippen und Flughafen liegt eine dreitausend Jahre alte Küstensiedlung, der *Jarlshof*. Wie Skara Brae wurde sie (allerdings erst 1905) durch einen schweren Sturm freigelegt. Das Kreishaus mit seinen grasüberwachsenen Außenmauern ist vom Flugzeug aus gut zu erkennen. Seit Januar 1993 pressen sich die Passagiere vor allem wegen des Wracks der *Braer* ihre Nasen an den Kabinenfenstern platt. Wir hatten uns vorgenommen, nicht nach ‚dem Wrack' zu fragen, um von den Einheimischen nicht für katastrophensüchtig gehalten zu werden. Doch schon die erste Person, der wir begegneten, zeigte uns gleich, in welcher Richtung das Wrack liegt. Als sei die Besichtigung ein Teil des Touristenprogramms. „Es ist nichts von ihr zu sehen, nur ein bißchen vom Mast ragt noch heraus."

Der amerikanische Öltanker war mit 84 000 Tonnen US-Öl aus Norwegen an Bord auf dem Weg nach Kanada wegen Motorschadens gegen die Felsküste am Südzipfel Shetlands geworfen worden. Der Billigtanker fuhr unter liberischer Flagge, hatte eine philippinische Mannschaft, ein polnisches Wartungsteam und einen griechischen Kapitän. Eine sprachliche Verständigung war nicht möglich. Und letztlich war wieder einaml niemand für das Unglück verantwortlich. Glücklicherweise, wenigstens für Shetland, wurde das Öl innerhalb von acht Tagen durch die unglaubliche Gewalt des Sturmes – (dem schlimmsten seit einhundert Jahren) fast vollständig verteilt und verschwand aus unserem Blickfeld. Und mit ihm das Interesse der Medien. Solange der Ölteppich nicht vor unserer Haustür treibt, werden wir uns weiterhin gedankenlos nur über höhere Benzinpreise beschweren.

Es traf ausgerechnet die Shetländer, die so erfolgreich Europas größten Ölterminal in der Landschaft versteckt haben. Öltanks, die nicht unter der Erde liegen, sind im ‚Shetland Grün' angemalt. Tatsächlich hielten wir dort nur an, weil uns frisch gestochener Torf (eine alte Art von Heizmaterial) kurz vor einer schmalen Aussichtsstelle mit Blick auf den Ölhafen auffiel. Nicht jeder heizt heute mit Öl!

Öl wurde in den frühen 70er Jahren 160 km nordöstlich vor Shetland entdeckt. Heute wird es durch das längste Tiefsee-Pipeline-System der Welt nach *Firths Voe* und von dort zum Seehafen *Sullom Voe* (Heimat der Sonne) geleitet. Sullum Voe ist mit einem Umschlag von einer Million Barrel Öl täglich Europas größter Ölterminal. Anders als auf den Hebriden, wo ein aussichtsloser Arbeitsmarkt die jungen Leute forttreibt, brachte hier das Öl Arbeit – und neue Straßen für neue Autos. Eine Schnellstraße, die das Mainland, die größte Insel

Shetlands, vom Flughafen im Süden zum Ölterminal Sullom Voe im Norden verbindet, hatten wir nicht erwartet.

Obwohl die Fährverbindung zu den beiden Inseln Yell und Unst im Norden gut ist, bleibt das Gefühl, in eine andere Welt überzusetzen. Auf Yell (altnorwegisch für ‚unfruchtbar') fuhren wir die 27 Kilometer bis zum Nordzipfel, ohne irgend jemanden oder irgend etwas zu sehen außer Heideland und Torfflächen. Knapp 1000 Menschen leben auf Yell, und das örtliche Reisefaltblatt weist gerade einmal zwei Bed & Breakfast aus. Wir fühlten uns von dem Foto eines hübschen weißgetünchten Bauernhäuschens angezogen. Seit das Foto aufgenommen worden war, war natürlich viel Zeit vergangen: die weiße Farbe war längst abgeblättert und das Cottage war kein Bauernhaus mehr. Die Besitzerin arbeitete für eine örtliche Firma am Computer und war nur zu froh, nach dem Auszug der erwachsenen Kinder die leerstehenden Zimmer für ein paar Pfund vermieten zu können. „Es ist keine Unterkunft der 1. Klasse", entschuldigte sie sich immer wieder, als kurz nach unserer Ankunft (es war schon dunkel) im Dorf der Strom ausfiel.

Unsere Wirtin (sie war etwa fünfzig Jahre alt) stammt aus einer zehnköpfigen Familie und hat fünf eigene Kinder. Mit zwölf Jahren verließ sie Yell, um auf der Hauptinsel in Lerwick zur Schule zu gehen. „Jeder machte das. Wir kamen nur drei Mal im Jahr nach Hause – damals gab es noch keine Fähren. Heute kommt mein jüngster Sohn jedes Wochenende nach Hause". Sie schaute nach ihrem Vierzehnjährigen, als wolle sie es auch ihm erklären: „Ich erinnere mich, wie mein Bruder seine Sachen packte, um auf Walfang zu gehen. Er war erst vierzehn. Meine Mutter weinte, ich weinte, aber mein Bruder freute sich darauf."

Da der elektrische Herd wegen des Stromausfalls nicht zu gebrauchen war, wurde der alte Torfofen angeheizt, um etwas Suppe, Hackfleisch, Kartoffeln und Karotten aufzuwärmen. „Es ist sehr primitiv", entschuldigte sie sich, „Sie werden denken, daß wir immer so auf Shetland leben."

Weiter nördlich auf Unst, eine von Norden nach Süden nur 19 km lange Insel,

leben ebenfalls kaum 1000 Einwohner. Hier sehen wir die ersten Ponyherden. Shetland-Ponys gibt es hier seit den Zeiten der Wikinger. Die kurzbeinigen Tiere mit ihrem zotteligen Fell und den flatternden Mähnen scheinen wie geschaffen für dieses Klima – oder vielleicht hat das Wetter sie auch geformt. Über Jahrhunderte wurden sie als Arbeitstiere eingesetzt, um Kelp (eine Art Seetang) und Torf zu transportieren. Mitte des 19. Jahrhunderts mit dem Verbot der Kinderarbeit wurden die Ponys nach England exportiert, um dort die Kinder in den Kohlebergwerken zu ersetzen, die bis dahin in den unterirdischen Schächten die Förderwagen gezogen hatten. Heute sind die ‚Shelties' als Reitpferde bei Kindern beliebt.

Die Klippen von *Hermaness* sind der nördlichste Küstenzipfel von Shetland, und selbst nach all den Superlativen der Highlands empfanden wir diese Küste als die beeindruckendste. Vom Anleger für die Versorgungsboote zum Leuchtturm *Muckle Flugga* aus ist es ein zweistündiger Marsch über Hochmoore und Heideland bis zum nördlichen Zipfel. Es war gerade Brutzeit der Raubmöwen (Skuas) und beunruhigt über unser Erscheinen, stießen sie ständig im Tiefflug auf uns herab.

Der Weg hinunter zu den Klippen führt über eine von Schafen so kunstvoll kurzgefressene Grasfläche, daß man sie mit einem Golfplatz verwechseln könnte. Am Abend werden die Klippen und kleinen Felseninseln zum geschäftigen Airport: Schwärme von Tölpeln kreisen über den Eissturmvögeln; Papageientaucher fliegen hastig zwischen ihren Felsenhöhlen und der See hin und her, während die faulen braunen Skuas nur darauf aus sind, ihnen den Fang abzujagen, den sie in ihren übergroßen Schnäbeln an Land schleppen.

Wir fühlten uns wie am Rand der Welt, unser *Ultima Thule*. Die weite offene See vor uns und die im Meer untergehende Sonne spielte eitel in allen nur denkbaren Farbschattierungen von Orange bis Feuerrot. Dann, gegen 22.30 Uhr, begann die Nachtschicht des Leuchtturmwärters auf Muckle Flugga und signalisierte uns, daß es Zeit war, in unsere nördlichste B&B zurückzukehren.

Westküste

Uns hatte das ‚Ornithologen'-Fieber gepackt. Zurück auf dem *schottischen* Festland entdeckten wir auf der Landkarte vor der Westküste eingezeichnet ein Vogelsymbol. Daneben einen winzigen Klecks aus der Feder des Kartographen und die Worte *Handa Island*. Während unserer Fahrt durch die Berge von West-Sutherland, kehrten Gefühle zurück, die während des Aufenthalts auf Orkney und Shetland (wo Öl und Landwirtschaft den Menschen Sicherheit und Optimismus gebracht haben) an Schärfe verloren hatten. Eine ungeheure Schwermut schien auf den Bergen zu lasten; ihre Narben, tiefen Risse und nackten Gipfel waren Wunden der Vergangenheit.

Handa zieht Vogelkundler aus der ganzen Welt an. Die meisten kommen als Tagesbesucher mit der Fähre von Tarbet oder Scourie. Vor der Küste lag auch eine Luxusjacht mit meist älteren Passagieren, die für eine zehntägige Kreuzfahrt mit Achtgänge-Menüs und einem bekannten TV-Showmaster als Betreuer 1600 £ gezahlt hatten! *Bird Watching* ist Big Business. Wir wählten die billige Alternative, überquerten die eineinhalb Meilen in einem schmalen, offenen Boot und glitten sanft auf ‚unberührten' Sand. Willy, unser Bootsführer, warf zwei leere Bierkästen als transportable Laufplanke hinaus, und mit zwei Schritten waren wir an Land.

Tausende von Dreizehenmöwen und Eissturmvögeln segelten um die 130 Meter hohen Klippen, während flinke Lummen und Tordalks auf den mit Nestbauten überfüllten Felsvorsprüngen balancierten. Ihr Geschrei war ohrenbetäubend, die Fernsicht fantastisch. Wir hatten Glück, bekamen noch einen der wenigen Schlafplätze in der *bothy* (Schutzhütte) und entschlossen uns spontan, auf der Insel zu übernachten. Zum Preis von 4 £ pro Nacht, ohne Licht oder Proviant, aber wenigstens ein Obdach. Willy will uns morgen abholen.

Zwölf Familien lebten früher auf dieser Insel; von einer ‚Königin' (meistens der ältesten Witwe) und einem ‚Parlament' regiert. 1845 zwang eine Kartoffelfäule und die folgende Hungersnot die Bewohner, nach Amerika auszuwandern. Die heutige ‚Königin' ist Janis, die Vogelwartin, die wir am Nachmittag bei ihrem täglichen Rundgang über die 766 Acre der Insel begleiteten. Sie zählt die Nester und Vögel, notiert eigene Beobachtungen, begrüßt die Besucher und erklärt uns, warum wir die Holzstege über die Moore benutzen müssen. Dann zeigt sie uns das versteckte Nest einer einsamen Eider-Ente. „Ihr Gefährte hat ihr wie üblich übel mitgespielt und sie verlassen, um nach anderen Weibchen Ausschau zu halten. Etwa achtundzwanzig Tage lang bebrütet sie ihre Eier, und das ohne Nahrung – eine alleinstehende Mutter."

Etwas weiter südlich längs der Festlandküste liegt die Stadt Ullapool, eine kleine Hafenstadt mit Fährverkehr zu den Hebriden. Im Sommer ist sie von Touristen überlaufen, im Winter wirkt sie fast ‚geschlossen'; wären da nicht die internationalen Schleppnetzfischer mit ihren *Klondykers* – riesige, graue und rostende Kolosse, schwimmende Fischfabriken, die schwerfällig im *Loch Broom* liegen. Die meisten kommen aus Osteuropa, manche auch aus Fernost. Pässe werden nicht kontrolliert, aber hierbleiben will auch niemand. Sie wollen nur billigen Whisky kaufen und ein paar Andenken für daheim.

Vor vierhundert Jahren hatten die Heringschwärme in der Broom Bucht Fischerflotten nicht nur aus Schottland, sondern auch aus England, Flandern und Frankreich herbeigelockt. Die Holländer wurden als ‚Wilderer' so erfolgreich, daß ein erboster James V. ein Faß voll mit ihren Köpfen als Warnung zurück nach Holland schickte.

Unsere B&B-Pension war ein altes Bankgebäude aus dem Jahr 1832 und unser Zimmer einmalig: mit alten Möbeln aus Zeiten, als Stühle noch zum gemütlichen Lesen einluden und eine Rosshaarmatratze, der wir den besten Schlaf in Schottland verdanken. Vom übergroßen Badezimmer aus hatten wir einen Überblick über den Garten: niedrige Zäune umschlossen wassergefüllte Badewannen für verspielte Otter, daneben standen Vogelhäuser, verschiedene Käfige und zwei schlafende Reiher. Das hier war zweifellos vorrangig ein Hospital für Wildtiere und dann erst eine Touristenpension. Ich weiß nicht, wie das alles angefangen hat, aber Mike wuchs in der Nähe des Londoner Zoos auf, und Beatrice ist eine gelernte Krankenschwester aus Glasgow.

Es war Osgood Mackenzies Buch *A Hundred Years in the Highlands*, das mich zu seinen Inverewe Gardens gelockt hat. Auf dem gleichen Breitengrad wie die Hudson's Bay gelegen, inmitten unwirtlicher Moore bestätigen die jährlich 120 000 Besucher pro Jahr seine Verdienste und die Beliebtheit der Gärten. Wir verirrten uns hoffnungslos im Dschungel von neuseeländischen Baumfarnen, blühenden Sumpfpflanzen, Schwertlilien, australischen Eukalyptusbäumen und Rhododendronhecken aus dem Himalaya. Leider hatte ein heißer Juni vielen Pflanzen sehr zugesetzt, nur die *midges*, winzige, hemmungslose Stechmücken, erfreuten sich der Hitze, denn sie brachte den Plagegeistern einen Strom wehrloser, nur in T-Shirts und Shorts bekleideter Opfer.

Die Straße hinüber nach Gairloch ist eine *Destitution Road,* eine ‚Not-Straße'. Es gab hier zwar keine Clearances, doch wie in Irland waren die Menschen von der Kartoffelernte abhängig. Nach einer Mißernte gelang es Lady Mackenzie (Osgoods Mutter), die Regierung zu überreden, die Männer der Gegend für den Bau dieser Loch Maree-Straße anzustellen, um so ihr Überleben zu sichern. In Gairloch wurden wir im März von einem kurzen Winter überrascht. Über Nacht hatte sich eine frische Schneeschicht über die Landschaft gelegt und für einen halben Tag waren die Straßen entlang der Küste blockiert. Als wir gegen Mittag losfuhren, brach die Sonne schon wieder durch die dunklen Schneewolken, und in der Ferne zeichneten sich die weißen Silhouetten der Berge gegen den blauen Himmel ab. Majestätisch überragt vom *Ben Slioch*, einem *Munro*.

Jeder schottische Berg hat einen Namen, meistens im (für uns) unaussprechbaren Gälisch. Die offiziell registrierten 277 Bergriesen über 3000 Fuß (914 Meter) sind nach Sir Hugh Munro benannt, der sie 1891 in seinem Buch *Tables of Heights* veröffentlichte. Ursprünglich hatte er nicht mehr als 30 schottische Gipfel vermutet, die es zu erfassen galt. Stattdessen wurden es 238 Gipfel in dreißig Buchbänden. Seitdem kamen neue Berge hinzu und summieren sich bis heute auf 277. Die Debatte über die richtige Zahl wird allerdings immer noch ernsthaft geführt, denn *Munrobagging* (Munros sammeln) wurde zur seriösen nationalen Beschäftigung, die zuweilen bis zur Besessenheit verfolgt wird.

Im Westen, in Richtung von Kinlochewe und Torridon beherrschen das monströse Quarzsteinmassiv des *Benn Eighe* (‚Bergpfeile') und die roten Sandsteingipfel des *Liathach* (‚Der Graue') das Bild der Landschaft. Diese Ansammlung von ‚Munros' lockt Hundertschaften von Wochenend-Bergsteigern aus den Büros der ‚Lowlands' an. Selbst im Januar dreht sich das Gespräch in der Torridon-Jugendherberge zwischen miefigen Socken und Stiefeln meist darum, welchen Berg du dir vornehmen wirst.

Ein Freund in Hannover hatte uns zu einem Abstecher auf die wilde und abgelegene Halbinsel Applecross geraten. Bis 1976 war das Dorf Applecross nur mit Booten oder auf einem extrem steilen Weg über den hohen *Bealach na Bo* (Paß des Viehs) erreichbar. Die nördliche Küstenstraße wurde erst gebaut, um die im Besitz der Tabakfamilie Wills befindliche Halbinsel dem Tourismus zu erschließen.

Diese Küstenstraße vervollständigt einen Rundkurs um die Halbinsel – ein ‚Muß' für jeden Besucher. Wir entschieden uns, im Uhrzeigersinn zu fahren und den Paß zuerst anzugehen. Bei einer Höhe von 2053 Fuß, dürfte dies die höchste und dramatischste Route in Britannien sein. Dreimal mußten wir unserem betagten Diesel-Bus eine Verschnaufpause gönnen, bevor wir auf engen Haarnadelkurven den Paß erreichten. „Wenn du das Wetter nicht magst, warte eine Minute!", lautet ein gutgemeinter Ratschlag der Einheimischen, aber auch nach drei Versuchen zu verschiedenen Jahreszeiten, gerieten wir immer in eine undurchdringliche Nebelküche.

Doch hat man den Paß hinter sich gelassen, bietet sich unterhalb der Wolkendecke eine großartige Aussicht über den *Inner Sound* bis zu den Inseln *Raasay*, *Rhona* und *Skye*, den Inseln der Hebriden. Applecross ist ein malerisches Dorf, das im Schatten alter Eichen- und Ulmenbäume an einem geschützten Sandstrand liegt. Hausruinen und Steinwälle entlang der Küstenstraße erzählen die immergleiche Tragödie der Highlands. Im Jahre 1836 war die Halbinsel noch Heimat für 503 Kleinpächter, heute ist die Bevölkerungszahl auf knapp 30 gesunken. Die Pachtbauern wurden von ihren Höfen vertrieben, um Platz für Schafe und später Rotwild zu schaffen. Die zerklüftete karge Halbinsel dient der Tabak-Dynastie Wills, die zu den größten Großgrundbesitzern Schottlands gehört als *deer forest* und saisonbedingtes Jagdgebiet. Kleinpächter – Schafe – Hirsche und dann Touristen – eine sich oft wiederholende Geschichte in den Highlands.

Der Name *Hebriden* stammt wahrscheinlich aus dem Altnorwegischen: *Havbredes* – und bedeutet ‚Inseln am Rande des Meeres'. Von den über 500 *Western Isles,* die wie ein Schutzwall vor der Küste liegen, sind 30 Inseln bewohnt. Sie werden in zwei Gruppen geteilt: die Inneren Hebriden und die Äußeren Hebriden. Auf den

Inseln nahe dem Festland, die die Inneren Hebriden bilden – von Skye im Norden bis zu Islay im Süden eine Million Acre – leben 15000 Menschen. Die Äußeren Hebriden, jenseits der Inneren Hebriden, sind ungefähr 80 km vom Festland entfernt und bilden eine 208 km lange Kette vereinzelter Inseln, von den Klippen auf Barra Head im Süden bis zum Butt of Lewis im Norden. Sie sind die eigentlichen Wellenbrecher des Atlantiks und Heimat für 30000 Menschen. Einer Legende zufolge soll ein plündernder Wikinger einst versucht haben, die damals noch zusammenhängende Landmasse mit einem Tau, das er an einem Loch am Butt of Lewis befestigt hatte, nach Hause zu schleppen. Aber das Land brach auseinander und bildet seitdem das heutige Inselband.

Rhum + Skye

Mit einer nicht täglich verkehrenden Fähre gelangt man von Mallaig mit kurzen Zwischenstops vor *Eigg* und *Muck* in dreieinhalb Stunden nach *Rhum*, einer kleinen Insel der *Inner Hebrides*. An Bord der *Lochmar* waren ein Dutzend Rucksacktouristen (alles Studenten), ein Pfarrer und einige wildentschlossene Outdoor-Fans.

Vor Eigg legte ein kleines Boot neben uns an. Mit einem Ausleger wurden, knirrschend und pendelnd an einem einzigen Haken hängend, leere orangefarbene Gasflaschen, ein Zementmischer und ein Generator an Bord gehievt. Ausgeladen wurden Mehl, H-Milch, Bier- und Cola-Dosen, tiefgefrorene Scampis und obenauf ein Stapel Eierkartons. Auch gingen zwei Passagiere von Bord. Die gleiche Prozedur wiederholte sich vor der Insel Muck – nur daß diesmal den Insulanern offensichtlich das Toilettenpapier ausgegangen war, und jemand einen Kühlschrank brauchte.

Auch die bergige Insel Rhum (seit 1957 im Besitz einer Stiftung) war einmal ziemlich dicht besiedelt. Im Rahmen der Clearances verfrachteten die Gutsverwalter der MacLeans bis 1826 mehr als dreihundert Familien gegen ihren Willen auf Segelschiffe nach Nova Scotia in Kanada. Tausende von Schafen und die Abwesenheit des Grundbesitzers beschleunigten den Verfall der Insel. 1886 erstand Sir John Bullough, ein superreicher Textilmagnat aus Lancashire, die Insel für 150000 £, um sich ein exklusives Jagdschloß für sein Rotwildrevier zu bauen.

Vom Landungssteg führt ein von Bäumen beschatteter Weg zum Kinloch Castle. Eine Million Pfund (heute etwa 60 Millionen £) ließ sich Bullough 1901 dieses düstere Schloß aus rotem Sandstein kosten. Nachdem es jahrzehntelang leerstand, wird es heute als Luxushotel geführt. Eine Übernachtung kostet 70 £ pro Person, Mahlzeiten eingeschlossen. (Ersatzweise kann man auch im rückwärtigen Flügel des Schlosses für 8 £ Unterkunft finden.)

Wir gönnten uns den Luxus einer Nacht im Castle. Genaugenommen – und das ist das Besondere – wohnt man in einem Museum. Zwar wurden die elektrischen Leitungen auf den heutigen Sicherheitsstandard gebracht, jedoch alles andere – die Fenster, die Zentralheizung, die Badewannen und die Toilettensitze – ist original und unverändert seit den Tagen der Bulloughs.

Wir wurden zu einem Schlafzimmer geführt, das die Größe eines Ballsaales hatte und mit einem riesigen Bett, echten ‚Edwardian'-Möbeln und einem Kamin ausgestattet war. In dem *en suite*-Badezimmer entdeckten wir eine alte Holzkabine, in die eine Art Dusche und eine Badewanne eingebaut waren. Ich riet Karl, er solle besser die richtige Dusche finden – aber es war die ‚richtige' Dusche: ein ‚Shanks'-Patent *Eureka*, erstmals im Jahre 1888 auf der internationalen Ausstellung in Glasgow mit drei verschiedenen Brausetypen vorgestellt. Diese hier hatte sogar sieben verschiedene Brause- und Wasserstrahltypen – abwärts, seitwärts und aufwärts.

Ich stieg ins Bad und Karl bediente die Hähne. „Ich probiere mal ‚Douche'!", rief Karl, und das gesamte Wasser der Highlands schien sich über mich zu ergießen. Bevor ich mich erholen konnte, hatte Karl ‚Shower' gewählt und ein angenehmer Strahl kam aus kleinen Düsen in der Decke. „Welle", schrie Karl. Wasser schoß hinter mir hervor und traf fast die gegenüberliegende Wand des Badezimmers. Ooooops! Karl hatte offensichtlich mein Schicksal fest im Griff. ‚Jet', und vor mir schoß eine Wasserfontäne in die Höhe. Puh! Das war nahe. Dann, als ich gerade fürchtete, nun würde ‚Niagara' oder etwas ähnlich Entsetzliches kommen, spürte ich einen sanfteren Sprühregen aus zweihundert winzigen Düsen in den Wänden der Kabine, der mich von Kopf bis Fuß kitzelte. Draußen goß es ebenfalls in Strömen während ich mir erlaubte, diese Badewettermaschine zu genießen.

„Tee wird um drei Uhr im Rauchzimmer serviert", verkündete ein junges Mädchen in einem dünnen blumigen Laura Ashley-Kleid mit Schürze. Alle Zimmermädchen waren Engländerinnen. Warum: „Die Schotten wissen wahrscheinlich, was ihnen blüht – eiskalte Winter und Stechmücken im Sommer", lachte sie. „Die meisten Schottinnen würden den Job nicht machen, da bin ich sicher. Aber wir verstehen uns alle sehr gut, und es ist eine tolle Erfahrung!"

Die ‚Great Hall' entsprach der Fotografie, die uns hierhergelockt hatte – Porträts der Bulloughs hingen an den Wänden, ein Steinway-Flügel ist mit einem Leopardenfell abgedeckt. Präparierte Köpfe von Rothirschen, Lady Monicas Gesangsbuch, Ölgemälde und eine Kollektion von Dingen, welche die Bulloughs von Kreuzfahrten mit ihrer Yacht Rhouma mitgebracht hatten, bilden ein kurioses Sammelsurium, ein ‚Edwardian Disneyland', überladen mit Kitsch und Pseudokultur.

In der Vorsaison waren wir (abgesehen von einem Pfarrer und dessen Frau, die ihre diamantene Hochzeit feierten) die einzigen Gäste. Wir saßen am langen Eßtisch der Bulloughs-Yacht und harrten der Speisefolge: Haggis in Blätterteig, Linsensuppe und Croutons, Heilbutt-Mousse mit Ingwersoße und Creme Caramel mit einer Rum- und Rosinensoße serviert. Zum Abschluß gab es Kaffee und Trüffel. Angeregt durch den Wein entspann sich rasch eine Diskussion über das Wesen der Schotten. Warum – so begann ich die philosophische Erörterung – werden in Schottland so viele B&Bs von Engländern betrieben?

Die Antwort des liebenswürdigen Pfarrers aus Leith war so einfach wie überzeugend: „Die Schotten taugen nicht als Bedienung. Sie haben immer geglaubt, daß alle Menschen gleich sind." Und als Beweis ein Zitat von Robert Burns: „A man's a man for a'that" (‚ein Mann ist ein Mann trotz alledem'). Die Schotten verabscheuen geradezu, andere Leute zu bedienen. England hingegen ist ein Land von Ladenbesitzern. Die haben einen viel besseren Geschäftssinn." Das war offenbar die Gelegenheit, seine Lieblingstheorie zu entwickeln. „Die Schotten wurden Ingenieure und Erfinder, sie gingen mit ihren Fähigkeiten ins Ausland, in die Ferne. Dort paßten sie sich auch immer gut in neue Gesellschaften ein. Die Engländer dagegen", erhob er seine Stimme, „die Engländer können ihr koloniales Gehabe nicht lassen, sie nehmen ihre Maßstäbe, Klassenmentalität und Teezeiten mit, wohin sie auch gehen." Und so hangelten wir uns abendfüllend durch schottische Lebensphilosophien, Traumata und Vorurteile. „Die Schotten sind gastfreundlich. Privat ist man immer willkommen. Sie

setzen ihren Wasserkessel auf und bitten sie zu bleiben. Nicht so in England."

Am nächsten Tag, als wir zurück nach Mallaig übersetzten, regnete es (noch immer) in Strömen. Die See war rauh und nach einer Weile erschienen wir alle mit grauen Gesichtern auf dem Oberdeck, um ‚freiwillig' an der frischen Luft zu sitzen. Glücklicherweise war die Festlandküste bald in Sicht. „Sehen Sie dort drüben den langen, weißen Sandstrand?", fragte eine Frau von Eigg nicht ohne Stolz, „dort wurde *Local Hero* gedreht".

Auf unsicheren Beinen und noch ganz benommen von der überstandenen Überfahrt, nahmen wir wildentschlossen die nächste Fähre hinüber nach Skye – wir sind nun ‚Island Hopper'. „Ding-dong", eine Stimme auf Band hieß uns in Englisch und Gälisch an Bord der *Iona* willkommen und empfahl, die Sicherheitsbestimmungen zu lesen. Dreißig Minuten dauert diese Fährverbindung nach Skye.

Wie Samuel Johnson und James Boswell vor uns (die am 2. September 1773 hier ankamen), legten auch wir in Armadale auf dem grünen südlichen Ende von Skye an. Die Werke von Johnson und Boswell gehören nicht nur zu den ersten Reisebüchern der Region, sie sind auch die meist zitierten Bücher über die Western Isles. Johnson schrieb *A Journey to the Western Islands of Scotland*, Boswell das *Journal of a Tour to the Hebrides*. An dieser Stelle bleibt festzuhalten, daß mich ihre Bücher immer ein wenig irritiert haben. Boswell ist so peinlich eingenommen von Johnson und Johnson ist eingenommen von sich selbst. Johnson urteilt eigentlich nur darüber, wie reichhaltig die Tische gedeckt waren und wie gut die Konversation verlief. Er hatte Freude, im Beisein seiner schottischen Begleiter und schottischen Gastgeber verletzende Bemerkungen über Schottland und die Schotten vorzubringen. Boswells Tagebuch wiederum besteht aus einem Viertel über Schottland und drei Vierteln über Johnson und dessen literarisches Geplauder.

Die Fähre von Mallaig nach Armadale verkehrt nur während der Sommermonate, zwischen Kyle of Lochalsh und Kyleakin verbindet eine Ro-Ro-Fähre (Roll on – Roll off) die Insel das ganze Jahr hindurch im Fünfminutentakt mit dem Festland. Im Januar 92 begrüßte uns Skye mit stürmischen Nordwestwinden, die schwere, dunkle Wolken über die Gebirgsrücken der Insel trieben. Binnen weniger Minuten wechselte das Wetter, von Schnee- und Regenschauern bis Hagel und wieder strahlendem Sonnenschein mit überzeugenden Regenbögen.

Ausgedehnte Meeresbuchten höhlen Skye aus und geben der Insel die Form eines hummerartigen Tieres. Die Fahrt von einer Halbinsel zur nächsten kann sich, besonders im Süden von Skye, zu einer langen und umwegreichen Reise auf einspurigen Straßen entwickeln. Elgol, ein kleines Fischerdorf auf der Halbinsel westlich von Armadale, liegt malerisch am *Loch Scavaig* und bietet ein besonders grandioses Panorama. Gegenüber, zu Füßen der *Cuillins*, sind ein paar weißgetünchte Cottages zu erkennen. „Oh ja, dort leben Leute", erklärt uns der nette englische Rentner, der in Elgol seinen Lebensabend verbringt, „Sie haben sogar eine Schule: mit Rektor und einem Schüler."

Im Sommer, ‚wann immer es genügend Passagiere gibt', verkehrt ein kleines Fährboot zwischen Elgol und *Loch Coruisk* im Herzen der Cuillins. Dieser See, nur wenige Meter über dem Meeresspiegel gelegen, ist umgeben von den steilen dunklen Felswänden der Cuillins, von denen 15 Gipfel eine Höhe von tausend Metern erreichen. Walter Scott klagte: „Ich habe nie einen Ort gesehen, wo es weniger Anzeichen irgendeiner Art von Vegetation gab; das Auge ruhte auf nichts anderem als auf braunen und nackten Klippen, und die Felsen, auf denen wir am Ufer des Sees gingen, waren so kahl wie das Pflaster von ‚Cheapside'". Und Johnson war selbstredend abgestoßen von „dieser weiten Ausdehnung hoffnungsloser Kargheit." Schon im 19. Jahrhundert fühlten sich zahllose Bergsteiger und Maler von dieser Kulisse angezogen. Turner verewigte die Granitriesen im wabbernden Nebel mit Hirschbock und kreisendem Adler auf Leinwand (es fehlt nur noch die Flasche Whisky am Bildrand). Heute sind die Cuillins Schottlands beliebtestes Klettergebiet.

Die bunte, oft gewalttätige Clantradition auf Skye ist in romantischen Erzählungen und Liedern überliefert, deren berühmtesten die von Flora MacDonald und ‚Betty Burke' alias Bonnie Prince Charlie sind. Nach der Niederlage von Culloden floh der Prinz auf die Hebriden und ruderte, verkleidet als Floras irisches Dienstmädchen,

die fünfzehn Meilen von Benbecula hinüber nach Skye.

Speed bonny boat like a bird on a wing,
‚Onward' the sailors cry...

Dort wurde er von seiner hübschen Fluchthelferin in einer Höhle versteckt, bevor ihm schließlich die Flucht nach Frankreich gelang. „Hoffentlich sehen wir uns im Palast von St. James wieder", hatte er ihr beim Abschied versprochen. Nach dieser Romanze hörte die schöne Flora nie mehr etwas von ihrem Prinzen. Sie wurde verhaftet und kam erst unter der Generalamnestie von 1747 wieder aus ihrer Haft in London frei, schenkte sieben Kindern das Leben... und wurde zur Legende. Bonnie Prince Charlie beschloß seinen Lebensabend mit Alkohol und Mätressen – auch er wurde zur Legende.

Ich hatte Flora seit meiner Kindheit für eine mythische, erfundene Legendengestalt gehalten. Als ich nun las, daß hier in Kilmuir ein keltisches Kreuz ihr Grab markiert, lief ich aufgeregt den Hügel hinauf und konnte es kaum abwarten, den Beweis zu sehen. Oben angekommen las ich die weinseligen Worte von Johnson, der auch das Grab besucht hatte: „Ein Name, der in der Geschichte lobend erwähnt wird, und, wenn Mut und Treue Tugenden sind, ehrenvolle Erwähnung findet." Ein anderes Schild verrät, daß das Zementkreuz erneuert werden mußte, weil Souvenirjäger Stück für Stück vom Original mitgenommen hatten.

Oben im nördlichen Skye, auf der Halbinsel Trotternish, locken weit größere Steine Geologen und Bergsteiger an. *The Old Man of Storr*, eine fünfzig Meter hohe Basaltsäule, 70 Millionen Jahre alt, hebt sich selbst im Grau des Winternebels vor dem zehn Meilen langen gezackten Bergkamm des *Storr* ab. Ein paar Meilen nördlich windet sich eine schmale ‚Single Track Road' hinauf in die moosgrünen Abhänge des *Quiraing*. Mit seinen bizarren Felsspitzen und phantastisch geformten Basalttürmchen wirkt er wie ein Friedhof für Riesen. Silbrig glitzernde Wasserrinnsale tröpfeln uns wie ein Diamantregen entgegen. Dies ist ein Land der Feen. Jenseits der Bergkuppe verläuft die Straße durch ein Hochmoor, vorbei an Stapeln frischgestochenen Torfs, die in langen Reihen wie Dominosteine die wasser getränkten Abstiche einrahmt. Unsicher stapfen wir über glucksenden, wankenden Boden – eine gute Vorbereitung für unsere nächste Etappe.

Lewis + Harris

In Uig, an der westlichen Seite der *Quiraing* von Skye, erwartete uns die Fähre *Hebridean Isles*, die uns über den stürmischen Minch brachte, besser gesagt: katapultierte. Unser Ziel war Tarbert auf der ‚Isle of Lewis and Harris‘, der größten Insel der Äußeren Hebriden. Der Wind machte es unmöglich, aufrecht am Bug der Fähre zu stehen. Erstaunlich war, daß das schottische Schrägkreuz (eine blaue Flagge mit einem weißen X) nicht vom Mast gerissen wurde. Die am Boden festgeschraubten gelben Plastikstühle und die erhöhten Tischränder ließen keinen Zweifel aufkommen, daß auch diese Überfahrt dem rauhen Fährenalltag entsprach. Aber nicht der Seegang, sondern der penetrante Geruch von Fritiertem aus der Kombüse und der Anblick von Passagieren, die sich über ihr ‚3£-fish-chips-peas-and-salad‘ hermachten, zwangen uns auf das Oberdeck. Die Wolken rissen auf, Lichtkegel huschten über das Schwarzgrün der See und zweieinviertel Stunden später erreichten wir bei strahlendem Wetter Tarbert, die ‚Hauptstadt‘ und das Handelszentrum von Harris.

Der Name *Tarbert* verrät, daß dieser Ort auf einer wasserumspülten Landenge liegt – einer 800 Meter breiten Landbrücke, die North Harris mit South Harris verbindet und den *Minch* vom Atlantik trennt. Vom Ferry Terminal schlängelt sich die Hauptstraße mit ihren doppelstöckigen Reihenhäusern am steilen Berghang entlang. Auf der Suche nach einer Zeitung betrete ich ein Lebensmittelgeschäft. Andere Kunden, die gerade die letzten Neuigkeiten (die nicht in der Zeitung stehen) auf Gälisch austauschen, senken ihre Stimmen. Es ist, als hätte ich unaufgefordert ein privates Wohnzimmer betreten.

Obwohl Lewis und Harris doch eine Insel bilden, trennt eine lange Zeit als unpassierbar geltende Bergkette auf North Harris sie in zwei Teile – eben die *Isle of Harris and Lewis*. Heute windet sich eine schmale, noch einspurige Straße über die kahlen Bergrücken. Die ‚Pentland Road‘, die hinter dem weit ins Land ragenden Fjord *Loch Seaforth* beginnt, führt 30 Kilometer durch das rauhe, sumpfige Herzland von Lewis, ein wahres Niemandsland.

„The Lews“ heißt Marschland. Über Meilen fallen die am Straßenrand liegenden zerbrochenen Whiskyflaschen auf. Kein Zweifel, hier treffen sich die heimlichen Sonntagstrinker. Die ‚Gottesfürchtigen‘ mißbilligen den Kneipenbesuch am Sonntag, aber es ist kein Geheimnis, daß Alkoholismus auf der Insel sehr verbreitet ist.

„Auf den Hebriden hinterläßt der Verlust eines jeden Einwohners eine anhaltende Leere“, stellte Johnson bissig fest, „denn niemand, der irgendwo anders geboren ist, wird dieses Land zu seinem Wohnsitz wählen.“ Johnson würde überrascht sein zu erfahren, daß viele Bewohner auf den Hebriden aus England kommen; sie werden *White Settlers* (weiße Siedler) genannt.

Es ist ein sonniger, aber windiger Samstagnachmittag – gutes Wetter zum Torfstechen. Mir wird schwindlig bei dem bloßen Gedanken, daß es allein auf Lewis 85 000 Millionen Tonnen Torf gibt. Am Straßenrand abgestellte Autos und Farbtupfer im Braun des Moores verraten, wo sich Leute schweißtreibend das Brennmaterial für den Winter erarbeiten. Das Torfstechen, ein Überbleibsel gemeinsamer Dorf- und Familienarbeit, erscheint uns energieverwöhnten Besuchern wie aus einer anderen Welt. Gestochen wird im April und Mai, dann werden die Torfsoden für einige Monate zum Trocknen ausgelegt und anschließend in alte Plastiksäcke für Kunstdünger gepackt. Ein sauber geschichteter großer Stapel Torf vor dem Haus war früher ein Statussymbol; heute ist es ein Toyota.

Die ziegelsteinförmigen Torfstücke brennen nicht besonders gut und geben verhältnismäßig wenig Hitze ab. Etwa 18 000 Torfstücke pro Jahr werden benötigt, um ein kleines Haus warm und trocken zu halten. Über den Daumen gerechnet, benötigt man für das Beheizen eines Raumes etwa jene Torfmenge, die diesen Raum ausfüllen würde. Einer der rauhen Burschen hier draußen, der über Rückenschmerzen klagte, brachte es auf den Punkt: „Die beste Hitze, die der Torf dir bringt, ist die beim Stechen.“

Samstagabend, Stornoway. Die Hauptstadt der Äußeren Hebriden zählt 5000 Einwohner. Die gesamte Jugend der Insel schien auf der Straße zu sein oder zumindest auf dem Parkplatz, wo sie in geparkten Escorts und Toyotas dampfendheißen ‚fish suppers‘ verschlangen und von Autofenster zu Autofenster ‚cool‘ Smalltalk trieben.

Sonntagmorgen, Stornoway. Auf der Suche nach einer Zeitung betrat ich ein verlassen wirkendes Hotel. „Es gibt keine Sonntagszeitungen am Sonntag. Sie können eine am Montag kaufen." Selbst die Seemöwen schienen die totenähnliche Stille, die die Stadt umgab, zu respektieren. Niemand war an diesem strahlendblauen Morgen auf den Beinen und selbst die öffentlichen Toiletten waren geschlossen. Kurz vor zehn Uhr beleben sich die Straßen, man hört das Klappern hoher Absätze und Tappen schwarzer Lederschuhe. Damen mit Hut und im Kostüm und Männer in schwarzen Anzügen, alle gesetzt und ernsthaft, schreiten zur Kirche. Eine Frau ermuntert uns einzutreten: „Dies ist eine Freikirche; so eine haben Sie nicht zu Hause." Wir sind neugierig. Es gibt keinen Altar und wenig Schmuck in dem hell gestrichenen Gotteshaus. Der Kirchenälteste stimmt einen Psalm an und die Kirchengemeinde fällt in den Chor ein. Beim Singen sitzen wir und stehen, um zu beten. Ich hatte von dem monotonen, dennoch melodischen Gesang der gälischen Kirchenlieder gehört, und bin enttäuscht, daß es ein Gottesdienst in Englisch ist (der in Gälisch findet am Abend statt). Der Ton der Predigt ist streng: die Betonung liegt auf ‚Furcht', nicht auf ‚Liebe'. Ich fühle mich als einziges weibliches Wesen in Hosen, ohne Hut wie eine Exotin.

Wir lernen sehr schnell, daß es hier Stärkeres gibt als die Orkane vom Atlantik, nämlich die Kirche. Die *Lord's Day Observance Society,* die ‚Gesellschaft zur Einhaltung der Sonntagsruhe' hat durchgesetzt, daß am Sabbat außer Gottesdiensten nichts stattfindet; der Sonntag ist dem Studium der Bibel vorbehalten. Selbst an einem so sonnigen Tage wie heute sind die Vorhänge zugezogen und die Straßen wirken, abgesehen von den Zeiten des Kirchgangs, wie ausgestorben. Peter Sager bringt das Gefühl, das uns als Zugereiste befiel, mit unübertroffener Schärfe auf den Punkt: „Es ist wie bei einem Giftgasalarm, es ist Sonntag."

„No Golf on Sundays". Auf keinem Hinweisschild fehlt der Zusatz: „außer sonntags". Hotels sind geschlossen und B&Bs verhängen zuweilen ihre Aushängeschilder. Strenggläubige kochen das Essen am Samstag und erledigen den Abwasch am Montag. Unsere zugereisten englischen

B&B-Gastgeber (‚white settlers') halten sich an diese ungeschriebenen Gesetze: Keine laute Musik, kein Autofahren, kein Fischen, TV nur hinter verdunkelten Fenstern, keine Wäsche auf der Leine… „Aber verstehen Sie mich nicht falsch – wir gehen auch zur Kirche – das gehört sich so. Aber ich kann meine Gäste nicht so einfach mit einer Fischangel rausschicken…, zumindest nicht, ohne ihnen klarzumachen, daß sie nicht sagen dürfen, in welcher Pension sie übernachten."

Am westlichen Ende der Pentland Road erreicht man die *Standing Stones* von Callanish. Wie ‚moderne Kunst', ragen die dreizehn Monolithen in den wolkenverhangenen Himmel. Welchem Zweck dieser Steinring diente, als Versammlungsort, als spirituelles Zentrum oder zur astronomischen Beobachtung, bleibt im Dunkel. Der Name *Na Fir Breige* (‚die falschen Männer'), wie die Bewohner das Stonehenge der Hebriden früher einmal nannten, verrät, wie die fünf Meter hohen Stelen über viertausend Jahre lang auf uns wirkten. Nur wenige Meilen entfernt bei Carloway, liegt einer der besterhaltenen piktischen Rundtürme und erinnert durch seine Form an einen modernen Kühlturm. Auf den Hebriden, den Orkneys und auf Shetland kann man noch 500 dieser prähistorischen Wehrtürme nachweisen. Meist liegen die vor über zweitausend Jahren mit mörtellosen, etwa zehn Meter hohen Doppelmauern errichteten *brochs* auf strategisch wichtigen Erhebungen an der Küste.

Auf dem Weg zurück nach Stornoway ‚zwingt' uns ein handgemaltes Schild TWEED vor einem kleinen Blechschuppen zum Halten. Drinnen trafen wir John MacGregor, einen agilen Rentner mit klaren, blauen Augen. Ein langes Berufsleben hatte er hier für die Tweedfabrik in Stornoway gewebt. Als Rentner arbeitet er eigenständig und verkauft sein Tuch vor allem an Touristen. Noch mehr liegt ihm an einer Unterhaltung. Und so verstrickt er die Vorbeikommenden in lange philosophische Gespräche. über Gott und die Welt. Man glaube nicht, daß einsame Hebridenbewohner nur mit ihren Schafen reden! John kennt sich aus auf unserem Globus: Klimaerwärmung, Bosnien, britische *Poll Tax* (Kopfsteuern), Zinspolitik der Bundesbank, EG-Scherbenhaufen, you name it…

Es war Lady Dunmore, die Frau eines Großgrundbesitzers von Harris, die als erste im Jahre 1840 die Herstellung von Tweed auf Harris förderte, um damit den hungernden Inselbewohnern Arbeit zu verschaffen. Sie erkannte die Qualität des robusten, warmen, wasserabweisenden Tuches, das ideal gegen Wind und Regen dieses atlantischen Außenpostens schützte. Sie machte das einst als ‚Mausemuster' verspottete Wolltuch in der Oberschicht gesellschaftsfähig und vermarktete Tweed über die Londoner Modehäuser. Die Produktion florierte und führte 1909 zur Gründung der *Harris Tweed Association*. Als Warenzeichen für echten Harris Tweed übernahm die Gesellschaft das Familienwappen (die Erdkugel, gekrönt von einem Malteserkreuz) der Dunmore Familie.

Harris Tweed wurde ein geschützter Begriff (wie Champagner und Cognac) für einen Stoff, der ausnahmslos in Heimarbeit auf Lewis, Harris, Uist oder Barra gewebt wird. Ursprünglich mußte auch die Wolle von Hand gereinigt, gefärbt und gesponnen werden. Seit 1934 dürfen diese Arbeitsschritte jedoch maschinell in einer ortsansässigen Fabrik ausgeführt werden. Der Webstuhl steht nach wie vor zu Hause. Früher benutzten die Inselbewohner traditionelle, handbetriebene Webstühle. Seit den 20er Jahren sind die meisten Weber mit Hattersley-Webstühlen ausgerüstet, die mittels Pedalen betrieben werden. Auch Alistair Campbell auf South Harris benutzt einen solchen Hatterslay, um sein feines Fischgrätmuster herzustellen. Klack – Klack – Klack, das Schiffchen gibt den Ton dieser monotonen Arbeit an, die Alistair nur unterbricht, um mit seinem Sohn, der zum Fischfang in den Minch ausgefahren ist, Funkkontakt aufzunehmen.

Einige Weberinnen arbeiten immer noch mit traditionellen Methoden. Die 26jährige Anne Campbell ist eine von wenigen jungen Weberinnen auf Harris. Von ihrer Großtante Marion Campbell, der vielleicht bekanntesten Weberin der Hebriden, hat Anne nicht nur das Handwerk des Webens gelernt, sie hat auch ein hölzernes Spinnrad übernommen. Sie webt ihren Tweed auf einem restaurierten Handwebstuhl, benutzt die hiesige Wolle und stellt die meisten ihrer Farben selbst her. Gelbe Farbe gewinnt sie aus Kreuzkraut und frischen Heidekrautblüten; rotbraune Farbe wird aus vom Felsen gekratzten Flechten hergestellt. Nur das Blau, gewonnen aus Indigopflanzen muß zugekauft werden. Es ist ein langer und arbeitsintensiver Prozeß, auf diese Art Tuch herzustellen: gut einen Monat benötigt Anne Campbell für eine Länge von 20 Yard. In viktorianischer Zeit rechnete ein Reporter akribisch aus, daß zweidreiviertel Kilometer Garn für einen Quadratmeter Tweed benötigt werden, und daß ein Mann, der in einen Tweedanzug und einen Tweedmantel gekleidet ist, mehr als 32 Kilometer Garn an sich trägt.

Die Campbells leben an der sogenannten *Golden Road*, die entlang der Ostküste von Harris die wenigen Dörfer miteinander verbindet. Die Straße wurde nicht etwa wegen ihrer Schönheit so benannt, sondern wegen des Geldes, das für den Bau ausgegeben wurde. Für uns Touristen ist es eine wilde, romantische Gegend, für die Bewohner reichte der Boden zwischen den Felsen und kleinen Moorseen nie aus, um den Lebensunterhalt zu verdienen. Es scheint noch nicht lange her, daß sich die Gletscher zurückgezogen haben. Das Gneisgestein behält überall die Oberhand über die Vegetation. Sogar die Toten mußten einmal einen langen, beschwerlichen Weg hinüber zur erdreicheren Westküste gebracht werden, um sie dort zu begraben.

In North Harris, auf einer holprigen und windigen Straße am Loch West entlang, erreicht man ein Schloß der Dunmores, *Amhuinnsuidhe Castle* (ausgesprochen wie Avonsuy). Die meist einspurige Straße führt quasi durch den Vorgarten der Lodge und endet in *Huishinish*. Oberhalb des Sandstrandes reihen sich ein paar Cottages aneinander, denen man nur aufgrund der dünnen Rauchfahnen ansieht, daß sie bewohnt sind. Ein hochgewachsener, älterer Mann holte sich von draußen Torf für seinen Herd, eine ebenso alte, gebeugte Frau stapfte zu einem frisch umgespateten Streifen dunkler Erde. Während der Mann schwieg, begrüßte die schwarz gekleidete Frau uns mit einem singenden Englisch mit starkem gälischem Tonfall.

Ich fragte mich, was sie wohl denkt, wenn sie unsere Akzente heraushört, und auch, was sie denkt, wenn sie zu der gegenüberliegenden Insel Scarp blickt. Dort wurde sie geboren, aber heute sind die wenigen erhaltenen Häuser Feriendomizil von Engländern und Deutschen. Noch im Jahre 1900 war Scarp von dreißig Familien bewohnt, 1971 zog die letzte Familie fort. „Jetzt gibt es dort nur Schafe", sagte die alte Frau mit resignierter Stimme. Sie drehte sich um, sammelte das Handwerkszeug zusammen und fuhr schweigend fort, ihr Fleckchen Erde umzuspaten. Wir kommen aus einer anderen Welt.

Fortsetzung auf Seite 173

Imbißwagen vor der Fähre nach Skye, Kyle of Lochalsh

Portree, Hauptstadt der Insel Skye

„Kilt Rock“, Trotternish Halbinsel, Isle of Skye

Feenlandschaft Quiraing, Isle of Skye

Blick von Skye hinüber zur Hebrideninsel Harris

Felsnadel „Old Man of Storr" und Sound of Raasay

Blick von Elgol hinüber zum Cuillins-Massiv

West Loch Tarbert und die Insel Harris

die Morgenfähre verläßt Tarbert auf Harris

piktischer Wehrturm bei Carloway

4000 Jahre alt, die „Standing Stones", Callanish, Lewis

John MacGregor – ein Leben für den Tweed, Carloway

Anne Campbell, eine der wenigen jungen Weberinnen auf Harris

Fischgrätenmuster Harris Tweed

Qualitätskontrolle in Mackenzies Tweedfabrik, Stornoway

nächste Leerung Freitag, Uist

Familie Lockesby beim kollektiven Torfstechen, Isle of Lewis

„Die beste Hitze, die der Torf dir bringt, ist die beim Stechen."

Vogelperspektive
Isle of Uist

Strand und Insel Vallay, North Uist

Schiffswrack bei Lochmaddy, Uist

Lochmaddy – aus der Luft gleicht Uist einem löchrigen Schwamm

Samtgrüne Küstenlandschaft bei Balnahard, Isle of Mull

Vergessenes Fischerboot bei Loch Scridain, Mull

„Hallooo – ich verstehe nichts…" Telefonzelle bei Carsaig, Mull

Tobermory, beliebter Jachthafen an der Westküste

Iona, eine Wiege des Christentums

die Lavainsel Staffa inspirierte Mendelssohn zu seiner Hebriden-Ouvertüre

Whiskyfässer für eine der sieben Destillen auf Islay

altes Dampfboot in einer Bucht bei Mallaig

Ard-dhubh südlich von Applecross, im Hintergrund Raasay und Skye

Blick von Applecross hinüber zum Torridon-Massiv

Heideblüte im Spey Valley bei Aviemore

Strathmashie River bei Laggan

trostlos und düster, das Rannoch Moor bei Glencoe

Tea Room im Holzbahnhof von Rannoch Moor

8 Yards benötigt man für einen ordentlichen Kilt

Haggis, Robbie Burns' geliebter „großer Häuptling der Puddingrasse"

Golf ist Volkssport in Schottland, Grangemouth

Gleneagles, der Welt teuerstes Golfhotel

der Clyde verhalf Glasgow zu Reichtum

Nekropolis, Viktorianische Friedhofspracht, Glasgow

Kurierfahrer in der Marmorwelt der City Chambers

Glasgows Kristallpalast „Kibble Palace" im Botanischen Garten

Benny Lynch schaffte den Sprung aus den Gorbals

Poolbillard in einer Arbeiterkneipe bei den Barrows, Glasgow

Lord Torphichen mit seinen Töchtern beim Tischtennismatch, die großen Erzfeinde John Knox und Maria Stuart sehen zu.

Jessie Grindlay mit ihrer Rente im Postamt und Dorfladen von Bridgend

Schottische Hochzeitsschmiede in Gretna Green, die Grenze …

Uist

Im Südwesten von Harris schließt sich die 80 Kilometer lange Inselgruppe von Uist an. Die Uists, auf denen 37000 Menschen leben, sind baumlos und größtenteils so flach, daß man befürchtet, sie könnten wie die Halligen von einer besonders hohen Flut überspült werden. Die Häuser stehen so dicht am Meer, daß sich oft nicht nur Schafwolle in den Zäunen verfängt, sondern auch Seetang. Nur aus der Luft oder vom Gipfel des 620 Meter hohen *Ben Mhor* ist das Chaos dieser von *lochans* (Seen) durchlöcherten und von Meeresarmen zerschnittenen Landschaft zu erfassen. Und das Asphaltband der A 865 scheint dieses Wirrwarr von Land und Wasser wie eine Schnur zusammenzuhalten.

Bei der Ankunft in Lochmaddy, dem nördlichen Fährhafen von Uist, sollte man sich eine zweisprachige Karte besorgen, denn alle Schilder sind in Gälisch. Lochmaddy oder *Loch nam Madadh* bedeutet ‚See der Wachhunde' wegen der spitzen Reihe zahnähnlicher Felsen, die aus der Bucht aufragen. Es ist die einzige ‚Stadt' auf North Uist. So hofft jeder, daß der einzige Laden mit Namen ‚Weehavitt' (etwa: wir haben es) dieses auch einhält.

Auf Uist beschlich uns zunächst ein Gefühl der Leere. Die menschenleeren endlosen Muschelsandstrände, die das grelle Sonnenlicht reflektierten; der Frühjahrsmantel von winzigen weißen Blumen, der den weichen Grasboden bedeckte; das weite Torfheidemoor. Die einzigen Geräusche waren das rasselnde, schnarrende Geräusch der im Wind zitternden Drahtzäune und die gelegentlichen Schreie der Schnepfen, der Halsbandregenpfeifer, der Kiebitze und Austernfischer.

Die Uists sind religiös getrennt; *North Uist* ist überwiegend protestantisch, *South Uist* katholisch und *Benbecula* dazwischen ist gemischt. Die Free Church wandte sich seinerzeit nicht gegen den Bau der Raketenbasis, sondern vehement gegen die zehn Meter hohe, kreideweiße Marienstatue, die

auch heute noch die Raketenstellungen bei Rueval auf Benbecula überblickt.

Die Verarbeitung von Seetang, *kelp,* war früher einmal der wichtigste Broterwerb der Insel. Er wurde im Sommer bei Ebbe geerntet und zum Düngen von Ackerflächen genutzt. Auch die Kelpverbrennung zur Gewinnung von Pottasche und Soda (um Glas und Seife herzustellen) entwickelte sich 1735 auf North Uist. Zwanzig Tonnen mußten in torfbefeuerten *kilns* (Brennöfen) verbrannt werden, um eine Tonne Pottasche zu erhalten. Mit der Kelpproduktion wuchs die Bevölkerung von North Uist auf 5000 Bewohner an. Umso dramatischer war die Massenauswanderung, die durch den Niedergang der Kelpindustrie, das Verschwinden der Heringsschwärme und eine Kartoffelfäule ausgelöst wurden.

Howmore auf South Uist war auf unserer Karte zwar als Dorf eingezeichnet, aber wir fanden nur verstreute kleine, strohgedeckte Cottages vor. Nichts deutete darauf hin, welches der strohgedeckten Häuser die Jugendherberge war. Erst ein mit zwei Kanus beladener Pkw wies uns den Weg. Die Herberge ist ideal für abgehärtete Camper, verfügt über ein Waschbecken mit fließend kaltem Wasser, eine Butangasflasche für den Herd und ein offenes Feuer für die nötige Wärme. Es war April, und all meine Wollsachen reichten kaum aus, um mich wohl zu fühlen. Ich wagte nicht, mir vorzustellen, wie es nach einer Woche Regen hier wäre: Feuchte Torfstücke, kalte Wände und vor der Tür Morast. Romantisch ist das nur auf Kodachrome-Filmen!

Der vorherrschende Typ eines Wohnhauses für die Crofter waren die *black houses*. Diese Katen wurden mit doppelten, roh aufeinandergeschichteten Steinmauern (ohne Mörtel) gebaut und mit einer Schicht aus Torf, Erdreich und Gras *(turf)* isoliert. Der Regen sickerte in den *turf*, hielt ihn feucht und luftdicht. Die niedrigen, abgerundeten Strohdächer wurde mit Seilen aus gedrehtem Heidekraut befestigt und mit Steinen beschwert. Im Frühjahr wurde das Stroh ausgewechselt und als Dünger für die Felder benutzt. Durch ein kleines Loch im Dach zog der Rauch des ständig brennenden Torffeuers ab und der Ruß beizte das Innere schwarz. Ganze Generationen saßen einst um den mit Torf geheizten Herd, erzählten Geschichten, sangen und musizierten. Nicht zuletzt der Fernseher hat all das verändert. Seit den 40er Jahren sind die meisten dieser Häuser dem Verfall überlassen. Ihre Bewohner sind in ‚moderne‘ Bungalows gezogen und die *black houses* dienen – wenn überhaupt – nur noch als Kuhstall oder Lagerplatz für Heu oder Torf.

Es ist wieder Sonntag. Diese Region ist katholisch und zwangloser als ihre nördlichen Nachbarn, dennoch fuhren wir durch ein menschenleeres und ‚geschlossenes‘ Lochboisdale. Wir fuhren trotzig weiter bis wir das Ende der Straße erreichten. Ein Pier. Eine Gruppe von Männern, alle unter fünfunddreißig, wartete auf die Fähre hinüber nach *Eriskay*. Es ist das *South End*-Fußballteam in Grün-Weiß (fanatische *Celtic*-Fans), die hoffnungsvoll dem Auswärtsspiel gegen das Team von Eriskay entgegensehen. Das war auch unsere Chance, an diesem Sonntag doch noch etwas zu erleben.

Eine Kinderzeichnung am Pier von Eriskay lenkt die Aufmerksamkeit sogleich auf das für die Insel herausragende historische Ereignis: Genau hier in dieser kleinen Bucht landete 1745 uns' *Bonnie Prince Charlie*, um von Frankreich kommend zu versuchen, die Krone zurückzugewinnen.

Auf Eriskay angekommen, fühlten wir uns, als hätten wir den nördlichen Polarkreis überquert. Wir brauchten auf jeden Fall ein Schlückchen zum Aufwärmen. Für größere Mengen waren wir allerdings um Jahrzehnte zu spät. Im Februar 1941 strandete hier ein britisches Schiff – die *Politician* –, beladen mit 20300 Whiskyfässern! Dieses erfreuliche Ereignis (zumindest für die Einheimischen) wurde von dem englischen Autor Compton Mackenzie in seinem berühmten Roman „Das Whisky-Schiff“ verewigt und 1948 auf der benachbarten Insel Barra verfilmt: *Whisky Galore* – Jede Menge Whisky.

Trotz des orkanartigen Westwinds wurde das Fußballspiel pünktlich angepfiffen. Als Spielfeld diente ein Stück flache Wiese oberhalb eines makellos weißen Sandstrands. Die Seitenlinie des Spielfeldes verlief allerdings zuweilen um freiliegende Felsen und ein paar Jungen waren über 90 Minuten damit beschäftigt, hinter dem Ball herzujagen, wenn er die Sanddünen hinunter auf den Strand gerollt war. Die South-End-Spieler in Grün-Weiß gewannen wie erwartet drei zu eins, die begeisterten Zuschauer waren blau gefroren vor Kälte.

Es war unser letzter Tag auf den Hebriden. Am nächsten Morgen standen wir in Lochboisdale in der Warteschlange für die Fähre nach Skye, um von dort zum Festland zu gelangen. Nur ein paar Stunden, aber aus der Inselperspektive erscheint es eine Ewigkeit entfernt.

Mull, Iona + Staffa

The Road to the Isles (die Straße zu den Inseln), die von Fort William nach Mallaig führt, verläuft entlang der Schienenstrecke der ‚West Highland'-Eisenbahn. Wir jedoch fuhren nun in entgegengesetzter Richtung. Nur widerstrebend ließen wir den Blick auf die Berge von Rhum und Skye hinter uns – aber es gab noch andere Inseln zu erkunden.

Die Straße führt am blaß-blauen Wasser des Loch Morar entlang, vorbei an den weißen Sandstränden und durch die moosbewachsenen Wälder bei Arisiag. Folgt man dieser *Scenic Road* weiter, gelangt man zum *Glenfinnan Monument*, einem stolzen, „scheußlichen“ Turm am oberen Ende von Loch Shiel, der an den Beginn des Aufstands der Jakobiten im Jahre 1745 erinnert. Hier rief Bonnie Prince Charlie die Clanchiefs zu den Waffen, um die Krone für das Haus der Stuarts zurückzuerobern.

Heute strömen im Sommer auch die ‚train spotter‘ und die Dampflokomotivenfanatiker hierher, um sich den ‚Steam Special‘ anzusehen, der zweimal täglich nostalgisch über den gewundenen Viadukt keucht. Wir biegen jedoch schon am Loch Ailort nach Süden ab, hinüber zur Halbinsel *Ardnamurchan*. Das ‚Ende des Großen Ozeans‘ ist die westlichste Gemeinde auf dem schottischen Festland. Johnson und Boswell wären bei stürmischer See während einer nächtlichen Bootsfahrt zwischen den Inseln Mull und Coll um ein Haar gesunken. Und dreißig Jahre später war es der Dichter James Hogg, dessen Boot zu kentern drohte und er schwor, nie wieder eine Reise in die Highlands zu machen!

Für uns dauerte die Überfahrt von Kilchoan nach Tobermory auf Mull nur 35 Minuten. Die Fassaden unten am Pier fallen durch ihre ausgesprochen grelle Farbgebung auf. Auch sonst legt das Städtchen Tobermory Wert auf Atmosphäre und Stil. Im Hafen sieht man nur wenige Fischerboote, dafür umso mehr Jachten. Der *Sound of Mull* ist ein bevorzugtes Segelrevier und auch ein vielversprechender Ort zum Tauchen. Noch heute suchen Taucher nach Schätzen aus dem Wrack der *Florida*, die zur spanischen Armada gehörte.

Auf der Küstenstraße am Sound geraten wir unerwartet in einen Verkehrsstau, der von Besuchern der Salen Show verursacht wird. Diese Agrarshows sind auf dem Lande *das* Ereignis des Jahres und für Besucher die beste Gelegenheit, mit Einheimischen zusammenzukommen. Hier dreht sich alles um Tiere und Preise: friedliche Hütehunde konkurrieren in der Hundeshow mit kläffenden ‚Jack Russells', stämmige Suffolk-Schafe werden stolz den prüfenden Blicken der Preisrichter präsentiert. Das Ponyreitturnier der Kinder ist zweifellos der Publikumsmagnet. Vor dem Wohnwagen der Jury warten Dutzende vergoldeter Blechpokale auf die Sieger.

Auf Mull erscheinen die Meilen besonders lang. Die meisten der einspurigen Straßen folgen der langen zerklüfteten Küstenlinie, und davon hat Mull als drittgrößte Insel der Hebriden 480 Kilometer. Für eine Strecke von knapp 25 Kilometer Luftlinie (Tobermory - Fionnphort) brauchen wir einen ganzen Tag. Die Straße windet sich entlang samtgrüner Steilhänge, durch Hochmoore und über farnbewachsene Hügel und führt dann, auf den letzten Meilen in westlicher Richtung, entlang des Ross of Mull an geschützen weißen Sandstränden vorbei. Und wo auch immer man sich auf Mull befindet, der wuchtige *Ben More* überragt mit seinen 966 Metern einfach alles.

Wer Schottlands ‚heilige' Insel besuchen will, muß sich in Fionnphort von seinem Auto verabschieden. Eine Fähre fährt regelmäßig die Fünf-Minuten-Strecke nach Iona. Christliche Reisegruppen, Rucksacktouristen und an diesem Tag besonders viele fröhliche Italiener drängen ins Boot. Die immergleichen Ansichten der Bilderbuch-Abtei mit ihren geharkten Kieswegen unter dem postkartenblauen Himmel hatten mich vorsichtig gestimmt. Jedes Jahr laufen eine halbe Million Besucher den Weg hinauf zur Abtei, und dieses Jahr sollte ich nun eine von ihnen sein.

Zunächst fiel mir ein häßlicher Flachbau auf, der sich später als unser B&B entpuppte. Dann Läden mit ‚I love Iona'-

Nippes, Postkarten und Plastikcapes. Das sollte heiliger Boden sein? Aber dann folgten doch noch hübsche Reihenhäuser mit gepflegten Gemüsegärten, über deren Zäune kupferfarbene Zwiebeln zum Trocknen aufgehängt waren. Weiße Tauben flogen auf, als wir uns der einfachen Benediktinerabtei näherten. Im Jahre 563 gründete hier der Heilige Columba mit zwölf Mönchen ein Kloster, von dem aus das Christentum über ganz Schottland verbreitet wurde. 400 Jahre lang war die Insel Iona auch die letzte Ruhestätte schottischer Könige. Duncan und sein Mörder Macbeth haben hier ihren Frieden gefunden. In dieser keltischen Wiege des Christentums wurde das berühmte *Book of Kells* geschrieben, das heute im Trinity College in Dublin aufbewahrt wird. Vielleicht war es das azurblaue, smaragdgrüne Wasser, das die keltischen Knoten und Spiralen dieses Whirlpools der Phantasien anregte. Der Heilige Columba hatte auch „Statt der Stimmen von Mönchen wird ein Muhen der Rinder sein" vorhergesagt. Seit der Reformation war die um 1200 gegründete Abtei eine Ruine, vernachlässigt und vergessen. Erst in der romantischen Woge des 18. Jahrhunderts hat man sie wiederentdeckt. Erst 1965 war der Wiederaufbau abgeschlossen.

Nur wenige der 200 Bewohner auf Iona haben ein Auto. So breitet sich am Abend, wenn die Geschäftigkeit und das internationale Sprachengewirr abflauen, ein meditativer Frieden aus. Stundenlang saßen wir auf dem einzigen Hügel, dem *Dun-I,* und beobachteten fasziniert die untergehende Sonne, wie sie den rosaroten Granit umschmeichelte und die Silhouette der Berge von Mull in immer neuen Schattierungen und Farben zeichnete.

Ein Handzettel hatte einen *ceilidh*, eine Tanzveranstaltung, in der Gemeindehalle angekündigt. Als wir gegen 21.30 Uhr dort auftauchten, war der Saal noch dunkel und leer - erst um 22.00 Uhr, wenn der Pub schließt, geht es los. Vor sechs Jahren, als es die Kneipe noch nicht gab, brachten die Leute ihre Getränke mit zum ‚ceilidh'. Heute haben sie die bereits intus, wenn sie ankommen. Ein Trio mit Akkordeon,

Geige und Schlagzeug spielte schnelle *jigs* und *reels*, später ein paar langsamere *strathpeys* und Walzer. Sowohl die Einheimischen als auch die Besucher – selbst die mit zwei linken Füßen – tanzten bis ihnen schwindlig war. Auf *ceilidhs* zu tanzen steckt an.

Iona lockt nicht nur religiöse Menschen, sondern auch abenteuerlustige an. Von hier aus kann man mit Fischerbooten die sieben Meilen vor der Küste von Mull liegende Insel *Staffa* erreichen. Schon der Naturforscher Sir Joseph Banks, der mit James Cook die Welt umsegelte, schwärmte: „Was sind im Vergleich hierzu die von Menschen erbauten Kathedralen und Paläste? Bloße Modelle und Spielzeuge. Verglichen mit dem, was die Natur geschaffen hat, werden die Werke der Menschen immer nur winzige Imitationen sein. Welcher Architekt wird da nicht schamvoll verstummen!"

Wie riesige Orgelpfeifen wachsen Basaltsäulen aus der See – 60 Millionen Jahre alt und bis zu 15 Meter hoch. Ihre seltsame Regelmäßigkeit steht in einem auffallenden Gegensatz zu dem sonst üblichen kreativen Chaos der Natur. Ob man auf der Insel landen kann, hängt vom Wetter ab. Auf jeden Fall sollte man sich darauf einstellen, daß sich das Boot zu den Klängen von Mendelssohns *Hebriden-Symphonie* hebt und senkt. 1829 wurde der 22jährige Felix Mendelssohn auf der Überfahrt zur *Fingal's Cave* auf Staffa furchtbar seekrank und wagte sich nicht aus dem Bauch des Schiffes. Am nächsten Tag notierte er das berühmte Eingangsmotiv seiner Hebriden-Symphonie – „die melodischste Beschreibung einer Seekrankheit in der Musikgeschichte" (Peter Sager).

Die Höhle auf Staffa ist nach Fingal benannt, einem legendären keltischen König, dem Vater von Ossian. Dieser Ossian wäre längst vergessen, hätte nicht James MacPherson den vielen Mythen seine eigenen Gedichte hinzugefügt und behauptet, es handle sich um Originalübersetzungen der Verse dieses gälischen Barden aus dem dritten Jahrhundert. Die von ihm verfaßten und romantisch verklärten Gedichte waren die Bestseller ihrer Zeit und wurden mit Homers Schriften verglichen. Sie inspirierten Goethe und Herder. Selbst Napoleon hatte bei seinem Rußlandfeldzug ein Exemplar in seinem Reisegepäck. Nur der ewig skeptische Johnson schrieb in sein Tagebuch: „ Auch wenn wir wenig über die alten Highlanders wissen, sollten wir diese Leere nicht mit Ossian füllen."

Von Iona kann man im Süden die Insel Islay erkennen. Islay besitzt eines der schönsten keltischen Kreuze in Schottland, zieht aber dennoch mehr Whiskykenner als Verehrer der christlichen Tradition an. Verstreut zwischen Seegras und Mooren gibt es sieben Brennereien, deren torfige Malt-Whiskies wie Laphroaig und Lagavulin das Aroma von Islay in alle Welt exportieren.

Nevis + Glencoe

Von Tobermory aus verkehrt eine Fähre durch die Meerenge von Mull bis zur Stadt Oban auf dem Festland. Land der Campbells – ein Name, der bis heute Erinnerungen an Fehden und Verrat heraufbeschwört. Und noch heute wird bisweilen melodramatisch behauptet, es gebe immer noch Campbells und MacDonalds, die einander nicht die Hand reichen würden. Der Campbell Clan hatte mehr begangen als bloßen Mord – sie hatten sich des Bruches der Highland-Gastfreundschaft schuldig gemacht. 1692, nach der Niederlage von Killiecrankie, hatte der Chieftain des MacDonald-Clans den unterwürfigen Treueeid auf die Regierung nicht wie gefordert geleistet. Die Truppen der Campbells sollten ein Exempel statuieren, um weitere Rebellen zu entmutigen. Nachdem die Campbells eine Woche die Gastfreundschaft der MacDonalds genossen hatten, fielen sie im Schlaf über sie her. Auch wenn nur 38 ums Leben kamen und 300 entkommen konnten, die Geschichte schrieb unauslöschbare Schmach.

Auf der A 82 durch *Glencoe* (‚enger Paß'), Schottlands berühmtesten Glen, verfälscht die Blechlawine der Sattelschlepper, Reisebusse und Camper die einstige Unwegsamkeit und die sentimentalen Gefühle der Geschichte. Angelockt vom tragischen Ruf des Tales hatten wir an einem eiskalten Januartag den Parkplatz hinter uns gelassen und waren trotz des Schneesturms für Stunden die alte Paßstraße entlanggewandert. Nur so glaubten wir, der Tragödie näherzukommen. Monate später, im Sommer, übernachteten wir neben einem *No Overnight Parking*-Schild gegenüber von den *Three Sisters* – und wurden am folgenden Morgen unvermutet aus dem Schlaf gerissen. Unmittelbar neben unserem Bus spielte ein Dudelsackpfeifer in grellem gelbschwarzen Tartan den *Lament of Glencoe*, die Klage von Glencoe. Um ihn hatten sich die Insassen zahlreicher Reisebusse versammelt. Beim Anblick dieser Szene verweigerten auch die Passagiere anderer Busse die Weiterfahrt und wir ergriffen schleunigst die Flucht.

Ben Nevis, Großbritanniens höchsten Berg, kann man von Glencoe aus nicht ausmachen. Auch wenn andere Europäer ihn belächeln, weil er *nur* 1340 Meter mißt, hat der ‚Ben' vermutlich mehr Menschen das Leben gekostet als jeder andere europäische Berg. Bei Achintee House beginnt ein sanfter, steiniger ‚Touristenpfad'. Der Wetterbericht hatte ein Hoch versprochen und die Morgenluft war klar – ein idealer Tag, um den *Ben* abzuhaken. Doch das Wetter auf den Gipfeln Schottlands hat seine eigenen Gesetze. Zweimal versuchten wir vergeblich, den Gipfel zu erreichen. Dichter Nebel zwang uns zurück ins Tal des Nevis. Nur ‚ernsthafte' Bergsteiger ließen sich von diesem Wetter nicht beeindrucken. Als winzige Punkte erkennbar, klammerten sie sich an vereiste Grate und hangelten sich über abgrundtiefe Felsrinnen, während wir uns feige ins Basislager unseres B&B zurückzogen.

Fort William floriert durch den Tourismus – die einzig wirklichen Superlative sind die riesigen Parkplätze und die Bettenzahl. Unser B&B direkt am Loch Linnhe wurde von zwei alten Damen geführt. Umgeben von ihren Pekinesen und asiatischen Schildblumen zogen sie sich vor das behagliche Kaminfeuer zurück, während wir in unserem eiskalten Zimmer versuchten, uns mit der elektrisch heizbaren Bettdecke und *Teasmade* aufzuwärmen. Diese wunderbare britische Erfindung ist eine Art Teeaufbrüher, der an einen Wecker gekoppelt ist und beim Aufwachen eine heiße ‚cuppa' serviert. Derart aufgewärmt verließen wir am nächsten Morgen eilig jenes heimelige Ambiente aus Seidenblumen und Vorhängen mit lila Lilien und flüchteten zum Bahnhof.

Dem Bahnhof der *West Highland Railway* mußte 1864 eine alte Regierungsfestung weichen. Heute stehen täglich drei Züge nach Glasgow auf dem Fahrplan. Die meisten Fensterplätze waren bei unserer Ankunft bereits belegt: von Studenten mit schlammstarrenden Kletterschuhen, Glaswegians mit Spielkarten, die ihren Whisky aus richtigen Gläsern schlürften, sowie von Müttern und Kindern mit Malbüchern und Apfelsaft.

Mit einem röhrenden Schienenbus verließen wir den Machtbereich des Ben

Nevis. Was gibt es Schöneres als einen Fensterplatz. Die Landschaft gleitet vorüber wie in einem Stummfilm und hinterläßt meist mehr Fragen als Antworten. Vorbei an Bahnhöfen im Landhausstil, deren Fassaden im Fischschuppenmuster mit gleicher grüner Farbe angestrichen waren, ließen wir die eingeschnittenen Gebirgstäler hinter uns und fuhren hinaus in das flache Nichts des *Rannoch Moor.* Moore und kleine Seen (lochans) wechseln sich in dieser von Gletschern geformten Hochfläche ab, nur gelegentlich durch eine Ansammlung windzerzauster Kiefern unterbrochen. Die Bahnstrecke mußte auf Pfählen gebaut werden, so grundlos ist der Boden hier. Zuweilen gibt das Torfmoor auch einmal Baumstümpfe frei – Überreste des Waldes, der Schottland einmal flächendeckend überzogen haben muß. Wir suchten nach Lebenszeichen in dieser Wildnis, aber entdeckten nichts Bemerkenswertes bis wir auf dem Bahnhof von Rannoch ankamen.

Die Frau des Bahnhofvorstehers brachte frisch gebackenen Schokoladenkuchen über die Gleise in den Tea Room der kleinen Bahnstation. Das war verlockend, aber unser Zug wartete nicht. In Crainlarich wurden die Wagen nach Oban abgehängt. Jetzt geht's nur noch bergab. Am *Loch Tulla* tauchten wir wieder ein in die Welt der Glens. Vorbei an Mauern aus Rhododendron und militärischem Sperrgebiet mit grasbewachsenen Bunkern erreichten wir Loch Lomond. Verglichen mit der vielbefahrenen Straße unten am Seeufer, hatten wir von oben eine unvergleichlich bessere Aussicht. Bei Helensburg hat man den letzten Munro, *Ben Lomond* längst hinter sich gelassen. Jenseits des Clyde verkünden die Krane und Lagerhäuser von Greenock: *Glasgow made the Clyde and the Clyde made Glasgow.* Hier wurde 1736 James Watt geboren und mit seiner Erfindung, der Dampfmaschine, auch die industrielle Revolution.

Als wir uns Glasgow näherten, erinnerte ich mich daran, wie ich 1975 von einem kurzen Winterausflug aus dem Norden zurückkehrte und auf dem Loch Lomond riesige Eisschollen trieben. Mit in meinem Abteil saß ein Professor aus Inverness, der wegen eines Vortrags bei einem *Burns Supper* nach Glasgow reiste. Ich war 18, reiste allein und hatte Angst vor dieser Stadt. Es war stockdunkel und ich hatte den Kopf voller Geschichten von Rasiermesser-Banden und Betrunkenen an jeder Straßenecke. Als ich dem Professor meine Ängste offenbarte, versuchte er mich vom Gegenteil zu überzeugen: „Glasgow ist eine lebhafte Stadt mit vielen öffentlichen Gebäuden, wo Kinder auf frisch gewienerten Fußböden herumrennen, wo es Kunstgalerien, Bibliotheken und Museen voller Leute gibt und nicht nur verstaubte mottenzerfressene Ausstellungstücke. Die Parks sind voller Kinderwagen und Rentner…“

Der Schienenbus zuckelte in die ersten Schatten der Wohnsilos, dann in einen Tunnel und schon hatten wir das Zentrum erreicht. *Queens Street Station*: viktorianische Bögen aus Glas, Eisen und Sandstein; Mädchen mit kohlrabenschwarzen Haaren, käsigen Gesichtern und besonders bauchigen Hosen; Jungen mit barocken Koteletten, qualvoll engen Hosen und spitzen, schweren Stiefeln wie aus einem Comic.

Glasgow

Die Höhen und Tiefen von Glasgows Geschichte haben immer wieder zu ganz unterschiedlichen und widersprüchlichen Bildern dieser Stadt geführt. Zu viktorianischen Zeiten war Glasgow eine Stadt des Überflusses, eine Boom City mit pompöser Architektur, kupfergedeckten Kuppeldächern und Glaspalästen. Aber hinter der Fassade dieser Kaufmannsmetropole herrschte ein unvorstellbares Elend. Wohnungsnot, Krankheit, Alkohol und Kriminalität waren der Alltag in den Wohnvierteln der Arbeiter.

Bis zum 18. Jahrhundert war Glasgow nur ein kleiner Fischerhafen. Der Boom begann nach 1707, als die *Union of Parliaments* den ‚Tabaklords‘ direkten Handel mit den Kolonien ermöglichte. (Bis dahin war dies ein Monopol von England gewesen). Der Reichtum erwuchs nicht allein aus dem Nikotin, sondern auch aus dem Sklavenhandel, was selten erwähnt wird. 1735 verfügte Glasgow über 67 Handelsschiffe, 30 Jahre später bereits über 386. Erst der amerikanische Unabhängigkeitskrieg sollte diesen Aufstieg bremsen.

Den Pomp der Glasgower Kaufleute kann man am besten an ihren Gräbern ermessen – auf der *Necropolis* wetteifern ägyptische und griechische Pseudotempel, Obeliske aus Granit und reich verzierte Grabsteine um ästhetische Machtfülle. Über alledem balanciert John Knox auf einer dorischen Säule und überragt selbst die gegenüberliegende Kathedrale (eine der wenigen, die die Reformation überlebt hat).

Die 800jährige Geschichte von Glasgow (‚teurer grüner Ort‘) läßt man sich am besten im *People's Palace* auf dem Glasgow Green erzählen. Das rote Sandsteingebäude mit seinem angegliederten Glashaus ist eigentlich kein Palast, sondern eine Hymne auf das *Glesca folk* (die Leute von Glasgow). Hier wird ihre Geschichte seit der Gründung einer Kapelle durch den Heiligen Mungo erzählt. Er war es, der der Stadt das (heute verkürzte) Motto gab: „Laßt Glasgow erblühen“. Hier rafften einst die Glasgower Mädchen ihre Röcke hoch, um auf dem Rasen ihre Wäsche zu walken – noch immer stehen ein paar viktorianische Pflöcke zum Wäschetrocknen dort – bis 1977 wurden sie benutzt.

Freitag, fünf Uhr in der Horsehoe Bar, dem Pub mit der längsten Theke Europas. In Glasgower Bars mit ihrem dunklen Holz, dunklem Bier und dunklen Typen mit dem tiefen, rauhen Glasgow-Akzent herrscht meist eine lockere Atmosphäre. Queen Victoria (ein häßliches Portrait) schaut mit dem mißbilligenden Blick der entschlossenen Alkoholgegnerin auf uns herab. Unter dem Ölgemälde kündigt ein grellgelbes Plakat einen Karaoke-Abend an. In Sammelbüchsen, die auf der Theke stehen, wird erstaunlich viel Kleingeld für die Wohlfahrt gesteckt. Männer im Nadelstreifen kommen, fragen sich beiläufig: „Wie lange darfst du bleiben?“

Alkoholkonsum (oder Geselligkeit, wie es hier genannt wird) war in Schottland immer schon ein anerkannter ‚Way of Life‘. Geburten, Taufen, Ferien und andere Festlichkeiten waren willkommender Anlaß, ein paar Flaschen zu köpfen. Geselliges Saufen etablierte sich selbst am Arbeitsplatz und es bürgerte sich ein, Lehrlingen wegen kleinster Arbeitsfehler Geldbußen aufzubrummen, um den Erlös am Wochenende vertrinken zu können. Kein Wunder, daß der erste Abstinenzverein Schottlands 1829 in Greenock gegründet wurde. Um Arbeiter vor den Versuchungen des Alkohols zu bewahren, wurden Tea Rooms eingerichtet und Dampfschiffahrten angeboten. *Steamboat* (‚Dampfer‘) ist noch heute eine Bezeichnung, mit der in Glasgow ein Vollrausch umschrieben wird!

Als Kate Cranston, die Schwester eines Glasgower Teehändlers, aus eben dieser Überlegung eine Kette von Teesalons gründete, beauftragte sie Charles Rennie Mackintosh, einen herausragenden *art nou-*

veau-Architekten, diese Salons zu gestalten – von den Möbeln bis zu den Teelöffeln und der Speisekarte. In der Sauchiehall Street 217 befindet sich heute der einzige noch verbliebene Salon, die *Willow Tea Rooms*. Umgeben von dezentem Grau, Weiß und Rosa kann man auf der Nachbildung eines Mackintosh-Stuhles sitzen (ein Original kostet bis zu 40 000 Pfund) und an seinem Tee nippen. Mackintoshs Meisterwerk, die Glasgow School of Art, befindet sich auf einem der steilsten Hügel von Glasgow an der Renfrew Street. Treppen, Türklinken, Stühle, alles stammt vom Entwurfsbrett dieses Architekten, dessen gedehnte Buchstaben heute T-Shirts, die Uhren der Fußgängerzone und selbst die Kaufhausdekorationen ‚à la Toshie' beherrschen.

Als Daniel Defoe 1720 Glasgow besuchte, beschrieb er die Stadt als „eine der saubersten, schönsten und am besten gebauten Städte Großbritanniens." Bis zur Mitte des 19. Jahrhunderts war aus der Stadt ein Slum geworden. Die meisten Besucher der *Second City of the Empire* berichteten zwar über den städtischen Pomp, aber nur wenige wollten die Armut, den Schmutz und die durch Überbevölkerung und Profitsucht verursachte Enge wahrnehmen. Unterschiedliche Perspektiven.

Seinen Höhepunkt erreichte Glasgows Boom um die Jahrhundertwende. 1913 produzierten die Fabriken der Stadt ein Drittel der britischen Lokomotiven und Schiffe und ein Fünftel des Stahls. 1888 im Stil der italienischen Renaissance erbaut, verkleidet mit Carraramarmor und Granit aus Peterhead und Aberdeen, platzt die Stadthalle noch heute fast vor Bürgerstolz. Wenn man dieser Marmorolympiade entgehen will, bietet der Botanische Garten mit seinen viktorianischen Glasbauten einen angenehmen Kontrast. Ursprünglich für den Landsitz des exzentrischen Ingenieurs geplant, wurde John Kibble's High-Tech-Glaspalast später im Stadtzentrum aufgebaut und erweitert, um bei Konzerten 10 000 Besuchern Platz zu bieten.

Durch den kometenhaften Aufstieg Glasgows verdoppelte sich die Bevölkerung zwischen 1861 und 1900 auf 800 000

Einwohner. Entwurzelte Highlander mit ein bißchen Geld wanderten aus, aber jene, die gar nichts hatten, kamen nach Glasgow, ebenso die Opfer der großen Kartoffelhungersnot von 1847 in Irland. Innerhalb weniger Jahre entstand ein gewaltiges Heer billiger Arbeitskräfte. Die Stadt wurde zum Schmelztiegel gälisch sprechender Highlander, katholischer und protestantischer Iren – die bei den Lowlandern gleichermaßen unbeliebt waren. Die religiösen Unterschiede brechen bis heute noch bei jedem Fußballduell zwischen den großen Rivalen, dem katholischen *Celtic* und den protestantischen *Glasgow Rangers* auf.

Die *Gorbals* wurden zu einem berüchtigten Wohngebiet. Die Wohngegend südlich des Clyde mit seinen vierstöckigen Wohnhäusern aus Sandstein war ursprünglich eine Topadresse. Die Fünf- bis Zehn-Zimmer-Luxuswohnungen wurden jedoch unter dem immer stärker werdenden Bevölkerungsdruck in zunehmend kleinere Einheiten unterteilt, und schließlich hausten bis zu zehn Personen in winzigen Zweizimmerwohnungen. Pro Hektar lebten nicht selten 2500 Menschen unter entwürdigenden Bedingungen. Die ‚Slumlords' kümmerten sich wenig um Reparaturen – die Wohnviertel verfielen. Mit der Depression in den 30er Jahren wurde die Wohnungsnot schlimmer. Nach dem Zweiten Weltkrieg beschloß das Clyde Valley Council, die Slums abzureißen. Während der 50er und 60er Jahre wurden insgesamt 100 000 Familien in Vororte mit anheimelnde Namen wie Maryhill, Drumchapel und Castlemilk umgesiedelt. Doch im Grunde wurden die Slums nur an einen anderen Ort verpflanzt.

Jenseits des Clyde sind die 23stöckigen Silos der modernen Gorbals nicht zu übersehen. Zementblocks, in denen nur die Fenster aufgrund der verschiedenfarbigen, bewegungslosen Vorhänge auf Individualität schließen lassen. Kinder in abgetragener Kaufhauskleidung, mit zerschundenen Knien und sommersprossigen Nasen toben zwischen den Betonbeinen ihrer Wohntürme. Ein buntes Wandbild versucht eine Stadtteilidylle mit Backsteinhäusern,

Obstläden und der alten zentralen Standuhr zu vermitteln. „So hat es hier ausgesehen, bevor die Bulldozer kamen", erklärt mir eine 10jährige. Mit den Jahren haben sogar die berüchtigten ‚Gorbals' etwas Romantisches. Auch das naive Wandbild eines Boxers hat der Onkel des Mädchens gemalt und stellt Benny Lynch dar: Landesmeister, Europameister und Weltmeister im Fliegengewicht der 30er Jahre. Benny wurde in den Gorbals geboren, einer der wenigen, die es ‚geschafft' haben.

In den 70er Jahren wurde ‚Glasgow' fast zum Synonym für eine verwahrloste Stadt. Als damit das unterste Ende der Hitliste europäischer Städte erreicht war, lag bereits ein durchgreifender Sanierungsplan vor. Es heißt, daß 1968 ein Wirbelstum, der mehr als 15 000 Menschen obdachlos machte, die Kehrtwendung ausgelöst hat. Nicht nur die Schäden wurden beseitigt, es wurden auch umfassende Finanzierungsmittel für die Stadtsanierung freigegeben. Und plötzlich – ohne daß es jemand richtig bemerkt hatte, stieg die Verwahrloste wie Phoenix aus der Asche. Nach Jahren der Depression, des Verfalls und der Desillusion wurde Glasgow 1990 zur ‚Europäischen Kulturstadt' gewählt – ein großer Schock für das ‚kunstbeflissene' Edinburgh, aber vielleicht ein noch größerer Schock für Glasgow. Noch drei Jahre später verkünden die Werbeslogans an Gebäuden und Bussen unverfroren: „Glasgow ist meilenweit besser – nicht ‚besser als vorher', aber ‚besser als Edinburgh'". Die Stadt am Forth konterte beleidigt: „Edinburgh ist besser – um eine Königliche Meile!".

Nun war Glasgow nicht mehr aufzuhalten: die schmutzigen, schwarzen Fassaden wurden gesandstrahlt, um die roten, lachsfarbenen und gelbbraunen Farbtöne des Sandsteins freizulegen. Touristenprospekte werben für 22 Galerien, 70 Parkanlagen, die Scottish Opera, das National Orchestra und für einiges mehr.

Zweifellos ist Glasgow eine Stadt mit Kampfgeist, aber es bleibt der unüberhörbare Ruf der Kritiker: Diese Kultur ist nur eine Fassade für die Besucher. Die soziale Wirklichkeit ist eine andere. Dieses urbane Ballungszentrum, Heimat für das Gros der schottischen Bevölkerung, ist noch immer im Niedergang begriffen. Die Arbeitslosigkeit liegt über dem britischen Durchschnitt. Innerhalb von nur 25 Jahren wurde die Anzahl der schottischen Kohlegruben von 71 auf eine einzige Grube bei Monktonhall reduziert – und die existiert nur, weil die Arbeiter sie zurückkauften. Die letzte Schiffswerft, Govan, befindet sich im Besitz einer norwegischen Gesellschaft. Während der 80er Jahre wurde Schottlands produzierendes Arbeitskräftepotential um ein Drittel reduziert. *Ravenscraig* war vielleicht das letzte Symbol der einst wichtigen Schwerindustrie Schottlands.

Als 1992 die britische Regierung die Schließung des Stahlwerks Ravenscraig bei Motherwell ankündigte, ging ein Aufschrei durch ganz Schottland, denn die alten Vorurteile wurden bestätigt. Ravenscraigh war effektiv und wurde trotzdem geschlossen, um Finanzmittel für ein neues Stahlwerk in England zu schaffen. Die Wut darüber verwandelte sich schnell in Apathie. Dieser Schlag traf die Schotten vermutlich psycholgisch tiefer als der unmittelbare Verlust von 6000 Arbeitsplätzen. Im Wahljahr 1992 machte die SNP (Scottish National Party) 'Ravenscraig' zum Wahlkampfthema und gewann mit der zentralen Forderung nach ‚Selbstbestimmung in einem unabhängigen Schottland' 21,5 % der Stimmen.

Burns + Haggis

Von politischen zu poetischen Gefilden nach Süden, in die Heimat von Robbie Burns. Es mag nur wenige geben, die Walter Scott zitieren können, aber es gibt wohl kaum einen Schotten, der nicht wenigstens ein paar Zeilen von Schottlands Nationaldichter aufsagen könnte. Der kleine Ort Alloway südlich von Ayr ist unser erster Halt auf der ‚Burns-Vermächtnis-Route'. Burns Geburtshaus ist ein niedriges Zwei-Zimmer-Cottage. Ein Schild verrät: „Robert Burns wurde in diesem Bett geboren." Die meisten Besucher drängen sich um einen Tisch, der mit eingeritzten Initialen der Besucher und dem Datum der Besichtigung bedeckt ist.

Jedes Jahr in der Nacht zum 25. Januar begehen die Schotten in der ganzen Welt den Geburtstag ihres großen Dichters mit einem Gelage. Höhepunkt des *Burns Supper* ist das von Dudelsäcken begleitete Auftragen des ‚Häuptlings der Puddingrasse', *Haggis:* Schafsmagen mit Hafermehl und Innereien gefüllt. Und jede Menge Whisky zum Runterspülen. 500 000 dieser Burns-Gelage soll es weltweit geben. Der Mann an der Kasse kennt die Zahlen: „In diesem Jahr waren allein beim Supper im Kreml achthundert Besucher. Dort drüben ist Burns nach Puschkin wahrscheinlich der populärste Dichter." Auf die nächste Frage hatte er schon gewartet: „Oh, in fünfunddreißig verschiedenen Sprachen. Ich selbst habe Ausgaben in japanisch, esperanto, finnisch..."

Burns ist berühmt als ein Dichter des Volkes, der in seinem Lowland-Dialekt schrieb. Er war der Sohn eines Landarbeiters, heiratete, hatte romantische Affären, trank gern ein Gläschen und kritisierte Kirche und Adel. Er schaffte es, 28 000 Verszeilen in 22 Jahren zu schreiben und starb im Alter von 37 Jahren. Er schrieb über gewöhnliche Dinge: ‚An eine Maus' *(To a Mouse)*, die beim Pflügen eingeschüchtert und furchtsam zum Vorschein kommt:

Wee sleeket, cowrin' tim'rous Beastie,
Oh what a panic's in thy breastie!

Oder über die Liebe:

My love is like a red red rose

Burns Gedicht *'Scots wha' hae wi' Wallace bled*' mit einem Aufruf zur Revolution wurde zu Beginn des 19. Jahrhunderts von der Arbeiterklasse als Erkennungslied auf Versammlungen gesungen. Ein Jahr bevor Burns starb, schrieb er sich die Verachtung für die Herrschenden von der Seele:

Und sitzt ihr auch beim kargen Mahl
in Zwilch und Lein und alledem
Gönnt Samt und Goldpokal
Ein Mann ist Mann trotz alledem.

Vielleicht wird eines Tages das Burns Haus ebenso von Autobahnen in den Würgegriff genommen wie die alte Dorfschmiede in *Gretna Green*. An der ‚ersten und letzten Stadt Schottlands' kommt kein Tourist vorbei. Einst eilten minderjährige Verliebte zuhauf zur Schmiede, um einen der wenigen Vorteile in Anspruch zu nehmen, den die Schotten den Engländern bieten konnten: die Heirat ohne Zustimmung der Eltern. Das schottische Heiratsgesetz erforderte nur ein Eheversprechen vor Zeugen, während in England ein Gesetz aus dem 18. Jahrhundert eine ‚heimliche' Eheschließungen verbot. Dies blieb selbst nach 1857 bestehen, als eine Verordnung einen Mindestaufenthalt von 25 Tagen forderte. Erst ein Parlamentsbeschluß von 1940 setzte dieser Praxis ein Ende.

Das tat dem Heiratsboom keinen Abbruch. Noch heute werden in dem ‚modernen' Standesamt der Gemeinde alljährlich 3000 Ehen geschlossen. Die Geschäfte haben sich spezialisiert auf Hochzeitskuchen, die Vermietung von Hochzeitskutschen, und die Friseure verpassen selbstredend auch den einheimischen Hausfrauen den ‚Brautschnitt'. Die Flitterwochen-Suiten werden vor allem von Paaren gebucht, die sich für das Video-Paketangebot mit Scheinhochzeit in der

rußfreien Schmiede (‚smiddy') entschieden haben. Auch wir landeten schließlich in der größten Touristenfalle Schottlands und konnten den Ort nicht verlassen, ohne etwas diesem Kuriosum Gretna Green zu spenden. Wir schmuggelten Senf, Marmelade mit Whisky, Honig und eine Dose Haggis zurück nach Deutschland.

Diese eigentümliche Speise verdient ein paar Worte. Sie ähnelt gekochtem Granit und hat nicht nur wegen ihres Aussehens den Spott vor allem der Schotten selbst auf sich gezogen. Typisch sind die Witze über die Haggis-Jagdsaison und wie schwierig es doch ist, sie zu schießen. Man sagt ihnen nach, sie hätten auf einer Seite zwei kürzere Beine, um besser um Hügel laufen zu können! Wer lacht da?

Eine faire Beschreibung fand ich in einer Ausgabe des Kochbuchs *The Scots Kitchen* von F.Marian McNeill aus dem Jahre 1929: „Die Wahl von Haggis zum überragendem schottischen Nationalgericht trifft den Kern. Es ist ein Zeugnis der nationalen Begabung, aus wenig viel zu machen. Aus bescheidenen, ja sogar verschmähten Zutaten ist uns eine wahrhaftige *plat de gourmets* gelungen. Es enthält einen Anteil von Haferschleim, seit Jahrhunderten die nationale Hauptspeise ... weiterhin ist es ein durch und durch demokratisches Gericht, gleichermaßen geschätzt in Schloß, Landgut oder Bauerncottage. Zu guter Letzt gibt der Gebrauch des Tiermagens als Behälter der Zutaten dem Ganzen einen gewissen Zug von Barbarischem, das den Schotten so am Herzen liegt."

Nachdem wir über Monate die ganze Romantik Schottlands in uns aufgesaugt hatten, unsere Filme mit Hochlandrindern und endloser Heideblüte und glitzernden Lochs belichtet waren, kehrten wir in den verregneten Norden Deutschlands zurück. Ich dachte, ich würde es nie zugeben, aber ja, wir haben es getan. Am 25. Januar öffneten wir unsere Dosen mit Haggis (etwas kräftig gewürzt für ungewohnte Gaumen). Wir kochten *neeps* (weiße Rüben) und *tatties* (Kartoffeln) und spülten das ganze mit einem sentimentalen *wee goldie*, einem Schluck Whisky herunter. Ich rollte meine *rrrrs* und zitierte Burns Ode an den Haggis:

Fair fa' yer honest, sonsie face,
Great Chieftan o' the Puddin-race!

Fotografie

Das Licht, nicht die Ausrüstung, sind das wichtigste bei der Landschaftsfotografie. Und das schlimmste, was einem Fotografen in Schottland passieren kann, ist Dauerregen – oder ständiger Sonnenschein. Im Sommer 1992 und '93 hatten wir mehr als genug Sonne. Wir erlebten die Orkneys und die Westküste während unseres ersten Besuchs unter fast wolkenlosem Himmel und stechender Sonne, die fürchterliche Dunstschleier produzierte. Sogar der Atlantik war ruhig und flach wie ein Feuerwehrteich. Ein Traum für Urlauber, aber ein Alptraum für einen Fotografen, der die Stimmungen Schottlands einfangen will. Stellen Sie sich das Hochland vor, in harter, greller Sonne und im Dunstschleier – einfach langweilig.

Die Lichtbündel, die sich wie Scheinwerfer ihren Weg durch schwarze Wolken tasten, Nebelbänke, Gewitterfronten, Regen, all das gehört untrennbar zum Zauber und zur Faszination der Highlands. Es waren in der Regel die kalten Nordwestwinde, die mir die gewünschte Kulisse besorgten: schwere Regenschauer, schnelltreibende schwarze Wolken, Hagel oder auch zuweilen einen Regenbogen. Schottisches Wetter ist unberechenbar. Es gibt sicherlich ebenso viele Regentage im Juni wie im Januar. Man kann sich auf keine ideale Jahreszeit verlassen. Im Winter waren die Tage natürlich extrem kurz und düster, besonders an wolkenverhangenen Tagen. Die besten Jahreszeiten sind vielleicht Frühling und Herbst.

Ausgerechnet am Ufer des *Loch Ness* begegnete ich diesen kleinen Monstern, die einem einen schönen Augustnachmittag in den Highlands verleiden können, zum ersten Mal: *Midges.* Dichte Wolken dieser Plagegeister stürzten sich auf uns, sobald wir den Wagen verließen. Sie sind ein Alptraum für jeden, aber vor allem für Fotografen, die in der Heide oder an einem See Objektive wechseln. Eine oder zwei finden ihren Weg immer in die Kamera und man entdeckt sie dann als herumschwirrende Blindgänger im Suchersystem der Kamera.

Zur Ausrüstung: Alle Aufnahmen entstanden mit meinen bewährten LEICA-RE-Kameras, die mich – trotz der schonungslosen Behandlung – nie im Stich gelassen haben. Ich arbeitete mit folgenden Brennweiten: 21, 28, 60, 90, 180 und 250 mm, zusätzlich einem Zweifach-Apo-Konverter, einem 28-mm-Shiftobjektiv (für Landschaft und Architektur gleichermaßen) und schließlich einem 35–70-mm-Zoom, das allerdings fast nur bei Luftaufnahmen zum Einsatz kam. Ich bevorzuge Festbrennweiten. Während langer Wanderungen reduziere ich die Ausrüstung gewöhnlich auf ein 28-mm-Weitwinkel-, zwei Teleobjektive (90 und 180 mm), den Konverter – und nicht zu vergessen, ein kleines stabiles Tischstativ, das in meine Jackentasche paßt. Für viele Landschaftsaufnahmen und Aufnahmen mit langen Belichtungszeiten war ein stabiles Gitzo-Stativ unerläßlich. In Räumen bewährten sich zwei Handblitze und ein ausfaltbarer Reflektor und ermöglichten das Fotografieren mit feinkörnigen Diafilmen.

Alle Abbildungen dieses Bildbandes (auch die Schwarz-Weiß-Fotos) wurden auf Diamaterial belichtet. Ich habe, je nach Wetterlage und Lichtstimmung, bevorzugt mit dem Kodak 64 X und dem Fuji-50-Velvia gearbeitet. Beide Filme überzeugen aufgrund ihrer Schärfe und Farbsättigung, selbst bei trübem Wetter.

Literatur

Bei unseren Reisen nach Schottland führten wir in unserem VW-Bus immer eine umfangreiche Bibliothek mit. Für verregnete Tage und zum Nachschlagen. Von allen deutschprachigen Reiseführern über Schottland hat uns der Kunst-Reiseführer *Schottland* (DuMont) von Peter Sager am meisten begeistert. In dem 450-Seiten-Schmöcker wird Geschichte, Kultur und Leute nicht nur umfassend, sondern gleichzeitig auch außergewöhnlich unterhaltend beschrieben. Folgende Bücher haben uns für dieses Buchprojekt wertvolle Anregungen gegeben:

Allardyce, Keith + Kristina Woolnough, *Scotland in Focus,* 1992
Baxter, Colin, *The Nature of the Land,* 1987
Boswell, James, *Journal of a Tour to the Hebrides,* 1786
Cooper, Derek, *Road to the Isles. Travellers in the Hebrides 1770–1914*
Hedderwick, Mairi, *Highland Journey,* A Sketching Tour of Scotland, 1992
Hogg, James, *A Tour of the Highlands in 1803,* 1888
Johnson, Samuel, *A Journey to the Western Islands of Scotland,* 1775
Mackenzie, Osgood Hanbury, *A Hundred Years in the Highlands,* 1921
MacSween, Ann + John Cooper, *Skye,* 1990
Martin, Martin, *A Description of The Western Islands of Scotland,* 1705
Mazaroli, Oscar, *Shades of Scotland,* 1989
McNeil, F. Marian, *The Scots Kitchen Its Traditions and Lore,* 1929
Miles, Hugh + Brian Jackman, *The Great Wood of Caledon*
Muir, Edwin, *Scottish Journey,* 1935
Pennant, Thomas, *A Tour in Scotland,* 1769
Prebble, John, *Culloden,* 1961
Prebble, John, *John Prebble's Scotland,* 1984
Sager, Peter, *Schottland* Kunst-Reiseführer, DuMont Verlag 1988
Smout, T. C., *A century of the Scottish People 1830-1950,* 1986
Urquart, Judy + Eric Ellington, *Eigg,* 1987
Wakefield, Paul + Jan Morris, *Scotland, The Place of Visions,* 1986

Apa Insight CityGuide, *Edinburgh* 1989
Apa Insight CityGuide, *Glasgow* 1990
Apa Guide, *Scotland* 1992
Michelin: *Scotland* 1989
The New Shell Guides: *Northern Scotland and the Islands*
Scottish Tourist Board: *1001 Things to See in Scotland*
Scottish Tourist Board: *Scotland Events January – December*
Ordnance Survey Touring Atlas *Scotland*
Michelin Map: 1/400 000 *Scotland*